歌でおぼえる手話ソングブック
ともだちになるために

シンガーソングライター
新沢としひこ
&
手話指導
中野佐世子・松田 泉

すずき出版

はじめに

シンガーソングライター／新沢としひこ

「新沢さんのつくった歌を今、子どもたちと手話でうたっています」と声をかけられることが、ここ数年多くなりました。保育園・幼稚園・小学校などで、今、手話で歌をうたうことが多くなってきたということですね。日頃、耳の聞こえない人たちと接する機会のない子どもたちが、歌を通して手話を体験するのは、とても良いことだと思います。

けれど同時に「手話でうたえるような歌を、いつも探しているのだけれど、やさしい手話表現でうたえる歌がなかなかない」という声も聞きました。たしかにヒット曲などをそのまま手話で表現しようとすると、大変複雑でむずかしいようです。

それならば、手話で表現しやすい歌を新しくつくれば良いのでは？ そう何気なく思ったのがこの本をつくるきっかけでした。けれどそこからがとても大変！ 僕は歌はたくさんつくってきましたけれど、手話のことは何にも知らないからです。

幸い、中野佐世子さん、松田泉さんという大変優秀で、しかも面白い手話の専門家に出会うことができました。二人に、まず僕がつくった歌をいろいろ聴いてもらい、どんな歌が手話表現に向いていて、どんな歌がむずかしいか、ということをレクチャーしてもらいました。歌詞がかんたんだから手話もかんたん、という単純なことではないんですね。そして二人に手話を習いながら、初めて手話にふれる子どもたちに、どんなことばをおぼえてもらおうか、どんな表現だったらやさしくおぼえられるか、試行錯誤で歌をつくっていくこととなりました。

だからこの本は、僕にとっても手話の入門書なのです。そして手話の歌をつくりながら、どうして今、保育園・幼稚園・小学校で手話の歌があんなにうたわれているのか、理由も良くわかりました。だって楽しいのです。実際に手を動かしながらうたうというのは楽しいことなのです。楽しくて、しかも手話をだんだんおぼえていけるというのは、本当にすばらしいことですよね。

手話というと僕は思い出す場面があります。ずいぶん前のことですが、駅の切符売り場のところで15人くらいの人たちが手話で話しているところを見たのです。彼らはみんなあわてている感じでした。きっとだれがどこまでの切符を何人分買って、そしてこの後どうするか、というようなことをやりとりしていたのだと思うのですが、手の動きが大変早く、それが一斉におこなわれていたのです。

　僕が今まで見ていた手話というのは、テレビ画面の隅で通訳の人がしているところとか、主に一人の人が聴衆に向かって手で語るというものでした。一度にたくさんの人が早口（？）でお互いにやりとりしているというシーンは、僕にとっては大変新鮮なものでした。そしてそれが沈黙の中でおこなわれていたということが何よりも印象的だったのです。きっと手話の世界で見たら、この場面はとても騒々しいのです。僕もその騒々しさを音ではなく、目で感じることができました。日頃僕が耳で感じている世界、音で理解している世界と、全く別の世界があるのだ、ということをその場面は教えてくれました。

　手はしゃべります。語ります。表情豊かに、ときには饒舌に、ときには情感たっぷりに。手話でうたうということは、くちびるがうたうときに一緒に手もうたうということです。くちびると手のハーモニーと言ったら良いでしょうか。手もうたい出すことによって、きっと世界が広がると思います。

　この本をきっかけにして、たくさんの手がうたい出し、そのハーモニーが広がっていきますように。

手話は目で見る美しい「ことば」

手話指導／中野佐世子・松田　泉

「手話」を見たことがありますか？

街で、テレビドラマで、ニュースで、コマーシャルで…いろいろなところで、手を使って巧みに話をしているのを見かけたことがあるでしょう。そうです、あれが「手話」です。そして、手話を使っている人たちは、みなさんと同じように、楽しそうに笑っていたり、怒ってけんかをしていたりするでしょう。

「一体、何を話しているんだろう」とか、「手だけで本当に話ができるのかな」って思ったことはありませんか？

私たちが話をするのと同じように、手話でも、自分の考えや気持ち、感じたこと、言いたいこと、大切な情報、なんでも伝えることができます。

手話を使うのは、主に耳の聞こえない人たちです。ことばだけでなく、車の音、風の音、木々のざわめき、波の音…生活の中にあふれているあらゆる音を、耳の聞こえない人たちは豊かな感性と表現力で、目で見てわかるサインにかえて話をします。手話はとても美しい、すてきなことばなんです。

明治時代、京都で使われはじめたのが日本での手話のはじまりと言われています。手話をつくったのも、耳の聞こえない人たちです。もう百年以上、耳の聞こえない人たちが、手話を自分たちのことばとして大事に大事に育ててきました。ことばは時代とともに変化していくものですから、手話もこの百年の間にずいぶん変わってきました。テレビができたときには「テレビ」という手話が生まれ、昭和から平成になったときには「平成」という手話が新しくつくられました。最近では「インターネット」「携帯電話」といった手話があっという間に広がって浸透しました。

それでは手話はどうやってつくられているのでしょう。

手話の基本となっているものに、私たちが生活の中で使っている身振りがあります。たとえば「さようなら」とか「こっちへおいでよ」なんていうときにしている身振り、腕組みをして「ふん」って怒ったときや、「かわいい」って子どもの頭をなでてあげたときの仕草は、そのまま手話になるんです。手話ってむずかしそう、なんて心配しないで、まずは手を動かしてみてくださいね。

　それから、「手話は世界共通？」とよく聞かれます。国や民族によっていろいろなことばがあるように、手話もアメリカ、イギリス、中国、韓国、フランス、ロシアなど、それぞれの文化に合わせた様々な手話があるんです。
　たとえば「食べる」という仕草を考えてみましょう。日本に住む私たちのほとんどは、おはしとお茶碗を想像しますね。でも、欧米の人たちは、というとフォーク、ナイフ、お皿、インドの人なら手で食べる仕草でしょうか。また、文字の形からつくられた手話も多いので、使われている文字が違えば手話も違ってくるわけです。

　子どもたちが手話や点字を習ったり、車椅子を体験したりして障害者のことを学ぶ機会がふえてきています。手話にふれることは、子どもたちが耳の聞こえない人のことを知るきっかけにもなります。
　この本では、いくつかある手話の表現の中から、子どもの手で表しやすいものを選びました。そして、歌の中には、覚えておくとすぐ使えるような、あいさつや日常よく使うことばがたくさん入っています。子どもたちには、楽しく、のびのびとうたいながら、自然に手話に親しんでほしいと思います。
　小さなときに手話にふれた子どもたちが大人になって、耳の聞こえない人や障害者をはじめとして、だれにでも優しい、みんながくらしやすい社会を築いていってくれることが私たちの願いです。この本がそんな未来づくりの手助けになれば、こんなにうれしいことはありません。

| はじめに （新沢としひこ） | 2 |
| 手話は目で見る美しい「ことば」（中野佐世子・松田　泉） | 4 |

本書の構成・イラストの見方・マークの説明 …… 8
イラスト ポイントガイド …… 10

Part 1 はじめましての かんたん手話ソング

▼歌に出てくる主な手話表現

1 あいさつの うた　（おはよう こんにちは こんばんは） …… 12
2 ぴょんとはねる　（動物／うさぎ かえる さかな） …… 16
3 ああ おいしい！　（食べ物いろいろ・おなかがペコペコ・おいしい） …… 18
4 ありがとうの うた　（家族／おかあさん おとうさん おばあちゃんなど） …… 22
5 いろとりどり　（色／あか きいろ あおなど・食べ物いろいろ） …… 26
6 レッツ・ゴー！　（乗り物／自転車 新幹線 飛行機など） …… 30

CONTENTS

Part 2 手のひらに歌をのせて

1 世界中のこどもたちが ……………………………… 36

2 おはよう ……………………………… 42

3 ハッピーチルドレン ……………………………… 48

4 ぼくたちのうた ……………………………… 54

5 はじめの一歩 ……………………………… 60

6 ともだちになるために ……………………………… 66

7 さよならぼくたちのほいくえん ……………………………… 72

Part 3 特別ふろく

指文字あいうえお ……………………………… 80

手話イラストさくいん100 ……………………………… 86

おわりに（新沢としひこ／中野佐世子・松田 泉）……………………………… 94

本書の構成

● **Part1　はじめましてのかんたん手話ソング**
おぼえやすく、手話で表現しやすい身近なことば（あいさつ、家族、動物、食べ物、乗り物など）を選んで書き下ろしたオリジナルソング集。

● **Part2　手のひらに歌をのせて**
園や学校でおなじみの歌（新沢としひこ／作詞）7曲を、手話ソングで紹介しました。
歌詞の思いが伝わるように、手話に、そして表情に気持ちを込めてうたいましょう。

● **Part3　特別ふろく**
♪指文字あいうえお♪…うたっておぼえる指文字ソング。
手話イラストさくいん100…本書に出てくる手話の中から基本的な表現を選び、種類別に紹介しました。

イラストの見方

● 右ききの人の標準的な表現方法を紹介しています。
左ききの人は、左右の手を入れ替えて表してもよいでしょう。

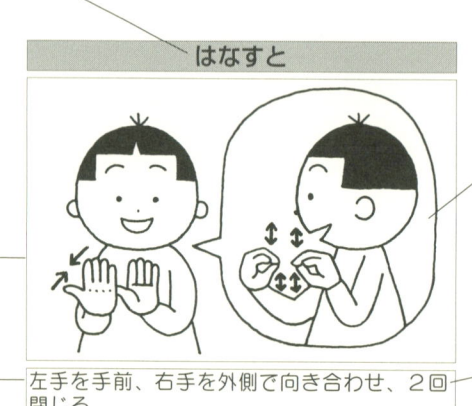

● 歌詞

はなすと

左手を手前、右手を外側で向き合わせ、2回閉じる

● 正面のイラストだけではわかりにくい場合、横から見た図、上から見た図、または手の部分を拡大したイラストを補足しています。

● 手話の説明

※手話は基本的に胸の前あたりで表現しましょう。

※耳の聞こえない人が手話で話をする場合、手話とあわせて口の動きを読みとって理解することが普通です。
したがって、手話で会話するときや歌をうたうときには、口の動きも相手に見えるようにしましょう。

 マークの説明

● 正しく手話を理解していただくために、Part2 では、文章の後に星印で歌詞と手話の関係を表示しています。
★・☆印はどちらも、そこに使われている手話の意味を示したものです。

（例）

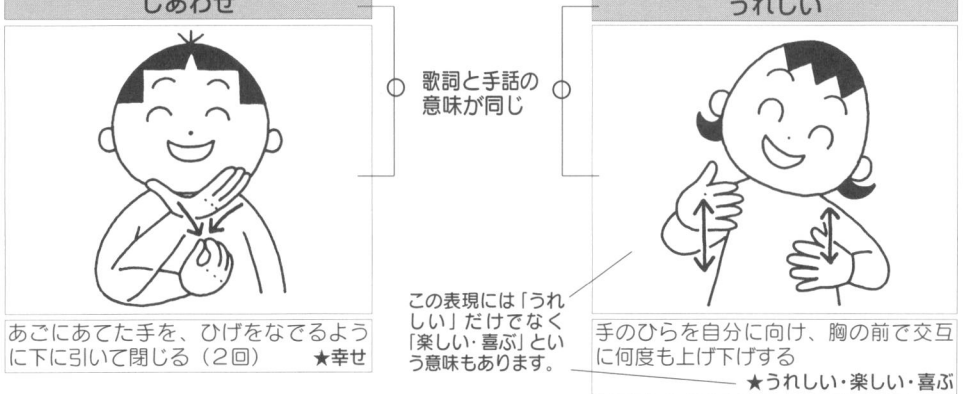

★印がついているものは…
　歌詞と手話（イラスト）の意味が同じです。

（例）

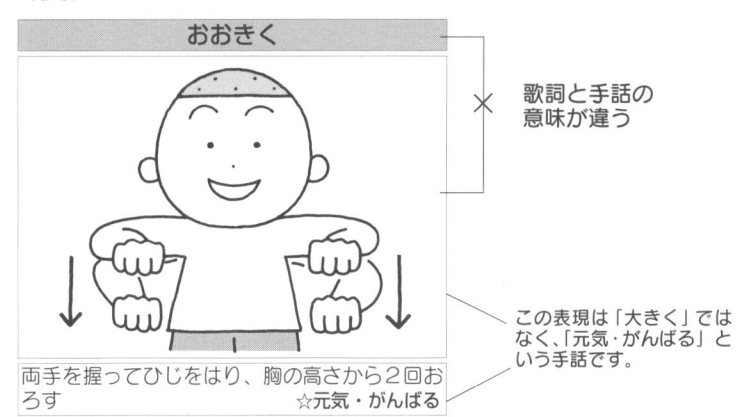

☆印がついているものは…
　歌詞と手話（イラスト）の意味が違います。その場合は、右のように☆印のところに、その手話の意味を補足しています。

その他…
★・☆印がついていないところは…
● 歌詞の意味に合わせて情景描写した表現や身振り。
● 人や場所を指さす仕草。
● 歌のリズムにあわせて、身振りや表情を補足（アレンジ）してあるところ。

♥印は…手話表現のポイントや注意点を表記しています。

英語と日本語の文法が違うように、手話と日本語の文法も違います。そのため、歌詞の順番通りに手話をあてはめていくと、意味が通じにくい手話の表現になってしまいます。
本書では歌詞の意味がきちんと伝わるように、手話の文法を優先して表現を決めました。
その他、歌詞の意味にあわせた表現や、小さい子どもが動かしやすいような表現を選ぶなど、意訳したところもあります。

イラストポイントガイド

● 動作や位置を表す表現 ●

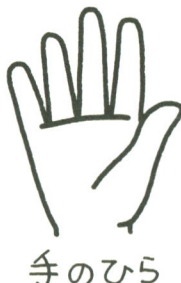
手のひら

手の甲

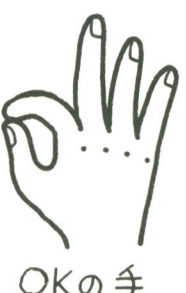
OKの手

軽く開いた手

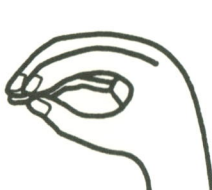
つぼめた手

手をパクパクさせる

こぶしを握る

こめかみ

ひたい

手話ソングブック
ともだちになるために

Part 1
はじめましての かんたん手話ソング

1　あいさつの うた／12

2　ぴょんとはねる／16

3　ああ おいしい！／18

4　ありがとうのうた／22

5　いろとりどり／26

6　レッツ・ゴー！／30

あいさつの うた

1 おはよう おひさま
  おはよう ことりたち
  おはよう みんな

2 こんにちは あおぞら
  こんにちは おはなたち
  こんにちは みんな

3 こんばんは おつきさま
  こんばんは おほしさま
  こんばんは みんな

詞・曲／新沢としひこ

© 2000 by ASK MUSIC Co.,Ltd.

会話の いちばん最初は やっぱり あいさつ♪
おはよう・こんにちは・こんばんは を マスターして
いろいろな 人や 物たちに あいさつしてみよう！

手話の表現では 体の動きや
目線の動きも 大きな意味を持ちます。
この歌の場合には、目線を
空や おひさまに向けたり、
お花に 話しかけるように 体を
かがめたりして 表現しましょう。

1番

お

首をかしげ、軽く握ったこぶしを、こめかみにあてる

は

こぶしを下に引くと同時に顔を起こす

よう

向かい合わせた人さし指を、同時に曲げる

おひさま

人さし指を上、親指を向き合わせて立て、右上に向かって高く持ち上げる

おは

こめかみにあてたこぶしを引くと同時に、顔を起こす

よう

向かい合わせた人さし指を、同時に曲げる

こと

左上を向いて、人さし指と親指でくちばしの形を作り、口の前で開いて閉じる

りたち

左上に向けて、両手を広げてはばたく

おは

こめかみにあてたこぶしを引くと同時に、顔を起こす

よう

向かい合わせた人さし指を、同時に曲げる

みんな

手のひらを下にふせ、体の前で円を描くように水平に大きく回す

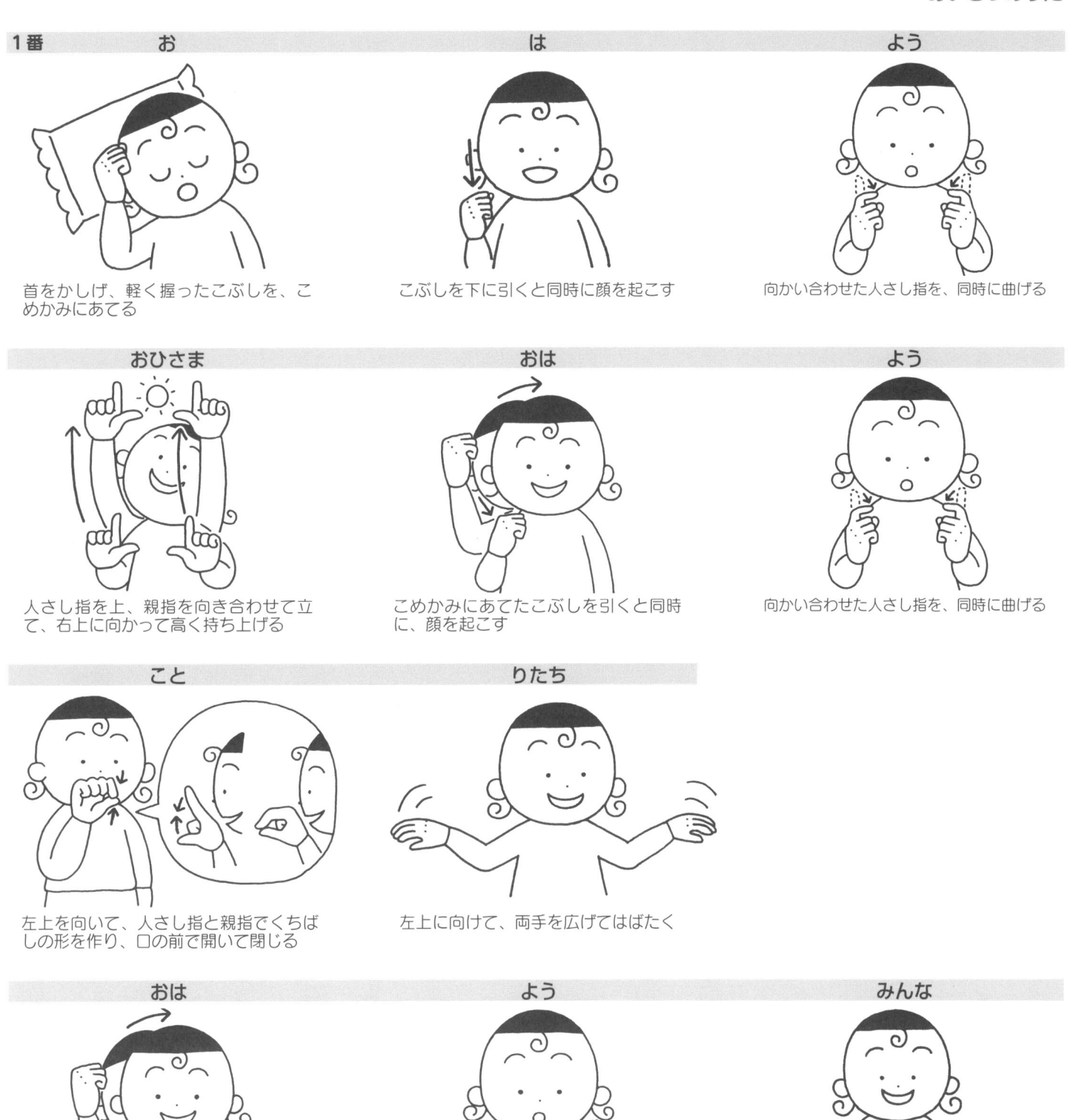

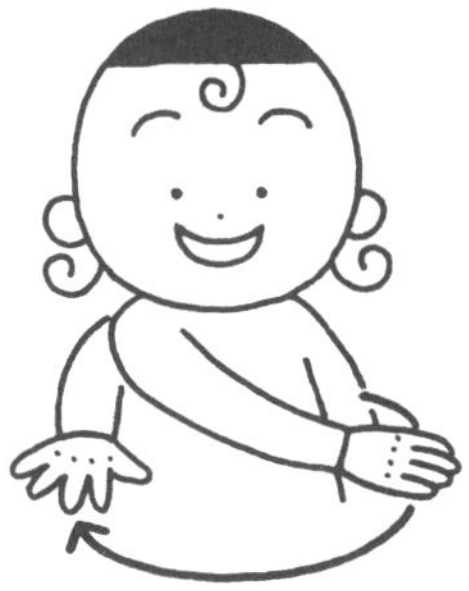

2番 こんにち	は	
 人さし指と中指を立て、額の真ん中にあてる	 向かい合わせた人さし指を、同時に曲げる	右ページの3番では⇨情景をわかりやすくするために同じ夜空でも 自分から見てお月さまを右上、お星さまを左上というように 手話の位置をかえて表しています。 月の場所　星の場所

あお	ぞら
 あごから耳の下まで、指先でなで上げる	 右上を向いて、顔の前から手のひらで空高く弧を描く

こんにち	は	おはなたち
 人さし指と中指を立て、額の真ん中にあてる	 左を向いて、向かい合わせた人さし指を、同時に曲げる	 手首を合わせて両手を広げ、左側と正面で花を咲かせる

こんにち	は	みんな
 人さし指と中指を立て、額の真ん中にあてる	 向かい合わせた人さし指を、同時に曲げる	 手のひらを下にふせ、体の前で円を描くように水平に大きく回す

あいさつのうた

3番

こんばん	は	おつきさま
開いた手を胸の前で重ね合わせる（手のひらは外向きに）	向かい合わせた人さし指を、同時に曲げる	右上を向いて、上から下へ親指と人さし指で三日月の形を描く

こんばん	は	おほしさま
左上を向いて、開いた手を胸の前で重ね合わせる	左上で、向かい合わせた人さし指を、同時に曲げる	左上を向き、つぼめた両手を自分に向けて、パッパッパッとしながら左右に開く

こんばん	は	みんな
開いた手を胸の前で重ね合わせる	向かい合わせた人さし指を、同時に曲げる	手のひらを下にふせ、体の前で円を描くように水平に大きく回す

『朝』『昼』『夜』の手話にそれぞれ『あいさつ』の手話を＋プラスすると、『おはよう』『こんにちは』『こんばんは』の手話になります。

おはよう		こんにちは		こんばんは	
あさ	＋ あいさつ	ひる	＋ あいさつ	よる	＋ あいさつ
		 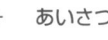			
枕をはずす	人が向き合い、おじぎをする	時計の針が12時のところで重なる	人が向き合い、おじぎをする	両手を閉じて、だんだん暗くなる	人が向き合い、おじぎをする

ぴょんとはねる

1 きみは うさぎ
　ぼくも うさぎ
　はなから はなへと
　ぴょんとはねる

2 きみは かえる
　ぼくも かえる
　くさから くさへと
　ぴょんとはねる

3 きみは さかな
　ぼくも さかな
　なみから なみへと
　ぴょんとはねる

詞・曲／新沢としひこ

© 2000 by ASK MUSIC Co,.Ltd.

ぴょんとはねる

2番

きみは	かえる	ぼくも	かえる
相手を指さす	手のひらは下向きに、ひじをはって前かがみになり、腕を2回上下させる	自分を指さす	2コマ目の「かえる」と同じ

くさから　くさへと	ぴょんと　はねる
おなかの前で手を上向きに指を立て、交互に上げ下げしながら左右に広げていく	「かえる」のポーズでジャンプ

3番

きみは	さかな	ぼくも	さかな
相手を指さす	右手の親指を立てて四指をつけ、右から左に泳がせる	自分を指さす	2コマ目の「さかな」と同じ

(マンボウのように)

なみから　なみへと	ぴょんと　はねる	
 右手のひらを上に、左から右へ波打つように移動させる	 両手を「さかな」の形にし、左手を左向き、右手をおなかの前にかまえてジャンプ	 いろいろな動物になってぴょんとはねてみよう！

ああ おいしい！

1 おなかがペコペコだったので
　ハンバーガーを ムシャムシャムシャムシャ
　ああ おいしい！

2 おなかがペコペコだったので
　アイスクリームを ペロペロペロペロ
　ああ おいしい！

3 おなかがペコペコだったので
　スパゲッティーを クルクルクルクル
　ああ おいしい！

4 おなかがペコペコだったので
　やきいもいっぽん モグモグモグモグ
　ああ おいしい！

5 おなかがペコペコだったので
　カレーをたべて ヒーヒーヒーヒー
　ああ おいしい！

6 おなかがペコペコだったので
　なっとうたべたら ネバネバネバネバ
　ああ おいしい！

詞・曲／新沢としひこ

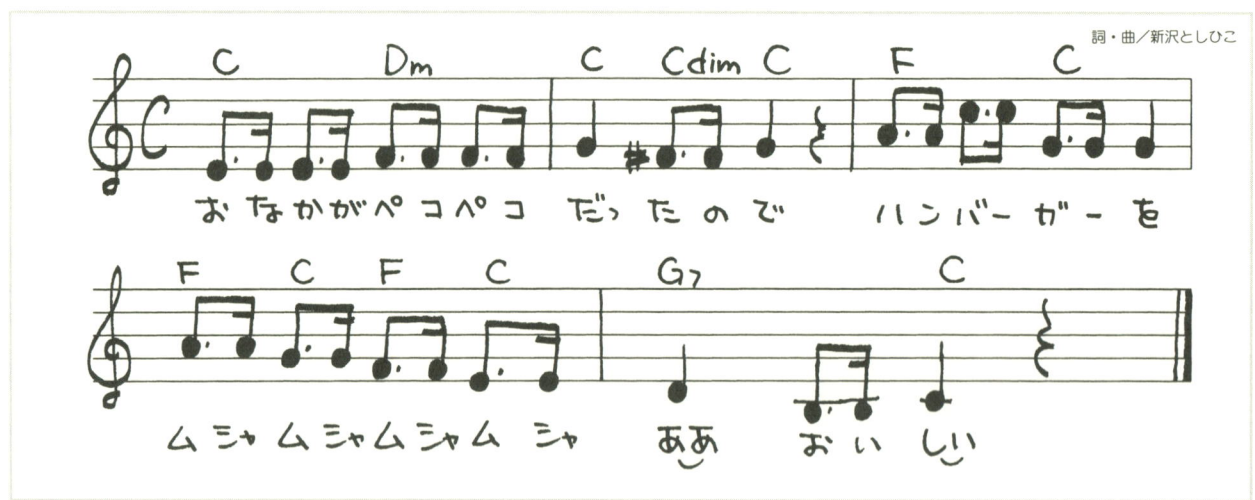

© 2000 by ASK MUSIC Co,.Ltd.

いろいろな食べ物の手話表現を歌でおぼえてみようね♪
おいしそうな表情が、とっても大事だよ！
『おなかがペコペコだったので』と『ああ おいしい！』は 6番まで
全部同じ手話で、食べ物のところだけ動作をかえていくよ。

3番 おなかが	ペコペコ	だったので

おなかに右手のひらをあてる

右手の上に左手を重ねる

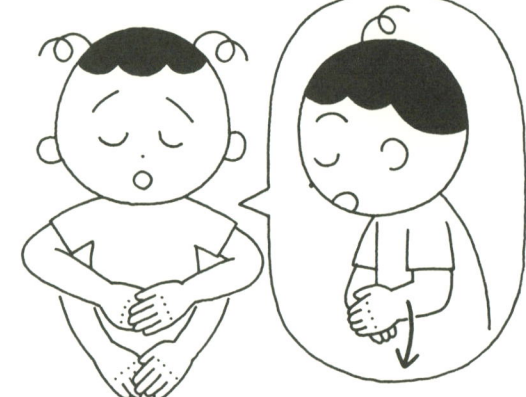
胃からおへそのあたりまで、両手でギュッと押し下げる

スパゲッティーを	クルクルクルクル	ああ	おいしい！

人さし指、中指、薬指の3本でフォークを作り、スパゲッティーをまくように、手首をクルクルひねる

満足の表情で1回うなずく　　首をかしげて、右手で頬を叩く

❶ おなかがペコペコ（おなかがすいた）という手話は、両手でおなかをぎゅうっと押して、おなかと背中の皮がくっついちゃう感じを出しましょう。

❷ 歌には出てきませんが、おなかがいっぱい は右のような手話で、おなかがふくらむ様子を表します。

おなかがいっぱい

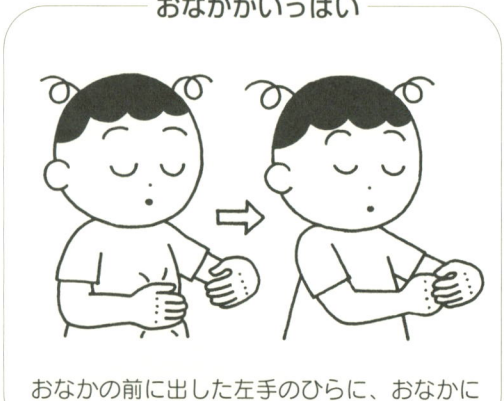
おなかの前に出した左手のひらに、おなかにあてていた右手の甲をあてる

ありがとうのうた

1 おかあさん だいすき
　おかあさん いつも ありがとう

2 おとうさん だいすき
　おとうさん いつも ありがとう

3 おばあちゃん だいすき
　おばあちゃん いつも ありがとう

4 おじいちゃん だいすき
　おじいちゃん いつも ありがとう

5 おねえちゃん だいすき
　おねえちゃん いつも ありがとう

6 おにいちゃん だいすき
　おにいちゃん いつも ありがとう

7 いもうと だいすき
　いもうと いつも ありがとう

8 おとうと だいすき
　おとうと いつも ありがとう

9 ねこのタマ だいすき
　ねこのタマ いつも ありがとう

詞・曲／新沢としひこ

© 2000 by ASK MUSIC Co,.Ltd.

だいすきな家族を表す手話をおぼえてみようね♪
それから、感謝を表す ありがとう は、とっても大切なことば。
日常会話でも 使ってみよう。

「家族」という手話は、家の中に人々がいる様子を表します。

家族

両手で屋根を作ってから、左手だけ残して、その下で小指と親指を立てた右手をヒラヒラしながら右に移動させる

ありがとうのうた

1番 おかあ / さん / だいすき
人さし指で右頬をなでる / 小指を立てて上へ / のどにあてた親指と人さし指を、閉じながら胸の前までおろす

おかあ / さん
人さし指で右頬をなでる / 小指を立てて上へ

> 『ありがとう』の手話はおすもうで勝った力士が賞金をもらうときの仕草からできました。手の動きだけでなく、表情や頭を下げる身振りを加えることで、感謝の気持ちを伝えることができます。

いつも / あり / がとう
親指を立てて人さし指を向き合わせ、人さし指を下から上（前）へ送るように、左右同時にグルリと回す / おじぎをしながら、左手の甲に右手を垂直にのせる / 顔を起こすとともに、右手を顔の前に持ち上げる

2番 おとう / さん
人さし指で右頬をなでる / 親指を立てて上へ

だいすき おとうさん いつも ありがとう

3番 おばあちゃん	だいすき	おばあちゃん

立てた小指をちょっと曲げ、右から左へ2回弧を描いて進む	のどにあてた親指と人さし指を、閉じながら胸の前までおろす	1コマ目と同じ

いつも	あり	がとう	

親指を立てて人さし指を向き合わせ、人さし指を下から上（前）へ送るように、左右同時にグルリと回す	おじぎをしながら、左手の甲に右手を垂直にのせる	顔を起こすとともに、右手を顔の前に持ち上げる	4番から9番は上の2か所の□のところを、それぞれかえてうたいましょう♪♪

4番 おじいちゃん	5番 おねえちゃん	6番 おにいちゃん

立てた親指をちょっと曲げ、右から左へ2回弧を描いて進む	小指を立てて上へ	中指を立てて上へ

ありがとうのうた

7番 いもうと	8番 おとうと	9番 ねこのタマ

小指を立てて下へ	中指を立てて下へ	こめかみの横で、こぶしでまねく動作をする

♥ この歌に出てくる『おかあさん』『おばあちゃん』は小指を使った手話。
『おとうさん』『おじいちゃん』は、親指を使った手話です。

♡ このように、日本の手話で性別を分ける場合は女性を小指、男性を親指で表現することが基本になります。

♥ たとえば『教える』という手話のあとに親指を出すと男の先生。小指を出すと女の先生という手話になります。

♡ 兄弟を表すときは、中指を使います。
姉妹を表すときは、本来は薬指を使っていましたが、表しにくい手の形なので小指を使うことが多くなりました。

♥ この歌でも『おねえちゃん』『いもうと』には子どもたちが表しやすい小指を使っています。

いろとりどり

1 あかい ことりが とんできて
　あかい りんごを たべました

2 きいろい ことりが とんできて
　きいろい バナナを たべました

3 みどりの ことりが とんできて
　みどりの はっぱを たべました

4 しろい ことりが とんできて
　しろい おにぎり たべました

5 くろい ことりが とんできて
　くろい おまめを たべました

6 むらさきの ことりが とんできて
　むらさきの ぶどうを たべました

7 あおい ことりが とんできて
　あおい はなびら たべました

詞・曲／新沢としひこ

© 2000 by ASK MUSIC Co,.Ltd.

いろいろな色を
この歌でおぼえてみよう！
なんで その動作をするのか
理由がわかると
忘れないよ

色

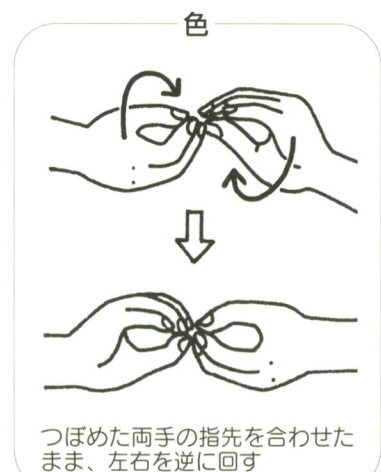

つぼめた両手の指先を合わせた
まま、左右を逆に回す

絵の具のフタを
あける仕草で
色を表します。

いろとりどり

| 1番 | あかい | ことりが | とんできて |

人さし指で下くちびるをなぞるように、左から右に移動させる

人さし指と親指でくちばしの形を作り、口の前で1回閉じて開く

はばたく仕草をする

| | あかい | りんごを | たべました |

人さし指で下くちびるをなぞるように、左から右に移動させる

両手の5本の指先を合わせて丸い形を作る

くちばしを口元にあて、顔と一緒にうなずくように動かして、ついばむ仕草をする

| 2番 | きいろい | ことりが　とんできて　きいろい | バナナを | たべました |

額に親指をあて、人さし指を2、3回振る

バナナの皮をむく仕草

3番 みどりの	ことりが	とんできて

おなかの前で手を上向きに指を立て、交互に上げ下げしながら左右に広げていく	人さし指と親指でくちばしの形を作り、口の前で1回閉じて開く	はばたく仕草をする

みどりの	はっぱを	たべました
	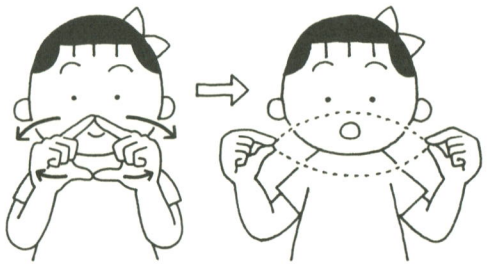	
おなかの前で手を上向きに指を立て、交互に上げ下げしながら左右に広げていく	両手の人さし指と親指の先を合わせ、大きな一枚のはっぱを描く	くちばしを口元にあて、顔と一緒にうなずくように動かして、ついばむ仕草をする

この歌では小さい子でもかんたんに遊べるように♪たべました♪を片手だけで表現しています。前の動作(左手)を残したまま右手でついばむ仕草をすると、小鳥が何を食べたのかがよりはっきりと伝わります。

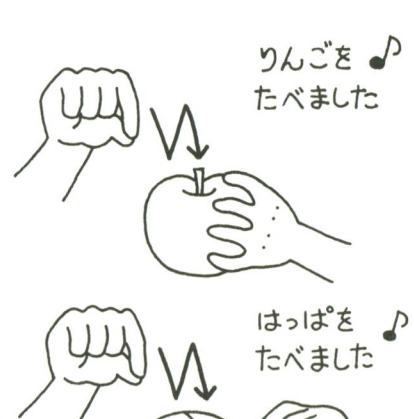

りんごを♪たべました

はっぱを♪たべました

レッツ・ゴー！

1　じてんしゃにのっていこう（いこう）
　　オートバイにのっていこう（いこう）
　　くるまにのっていこう
　　いやいや あるいていこう レッツ・ゴー！

2　バスにのっていこう（いこう）
　　でんしゃにのっていこう（いこう）
　　ふねにのっていこう
　　いやいや あるいていこう レッツ・ゴー！

3　しんかんせんにのっていこう（いこう）
　　ひこうきにのっていこう（いこう）
　　ロケットにのっていこう
　　いやいや あるいていこう レッツ・ゴー！

詞・曲／新沢としひこ

© 2000 by ASK MUSIC Co,.Ltd.

全部1人でうたっても いいし
2人のペアや、2チームに分かれて
歌詞の《いこう》のところを追いかけて
うたっても楽しいよ！
♪いやいや あるいていこう レッツ・ゴー♪ は
みんな一緒に、元気よくうたってね。

♪じてんしゃにのっていこう＝自転車
♪オートバイにのっていこう＝オートバイ
のように『○○にのっていこう』の
歌詞のところの表現は、
それぞれ、その乗り物を表す
手話です。

レッツ・ゴー！

1番

じてんしゃに のって いこう	（いこう）

自転車のペダルをこぐように、左右の手を交互に前に回す

胸の前から前方へ、いきおいよく進む先を指さす

オートバイに のって いこう	（いこう）	くるまに のって いこう

こぶしを握って両ひじをはり、右手首を回してエンジンをふかすようにする

車のハンドルを握り、運転するように交互に上げ下げする

いやいや	あるいていこう	レッツ・ゴー！

人さし指と親指を立て、顔の横で手首を2回ひねる

元気よく手を振って、その場で足踏み

かまえたこぶしを、高く振り上げる

2番　　　　　バスに のって いこう　　　　　　　　　　　　　　　　（いこう）

人さし指と親指を立てて、胸の前で人さし指を向き合わせ、両手一緒に前に押し出していく

胸の前から前方へ、いきおいよく進む先を指さす

でんしゃに のって いこう　　　　　　　　　　　　　　　　　　　　（いこう）

左手の人さし指と中指をのばし、その下に右手の人さし指と中指を折り曲げてあて、左手の指先の方向に右手だけすべらせていく

ふねに のって いこう　　　　　　　　いやいや　あるいていこう　レッツ・ゴー！

両手を合わせて船の形にし、胸の前から前方に押し出していく

3番　　　　しんかんせんに のって いこう　　　　　　　　　　　　　　　　　　　（いこう）

自分の顔に向けて五本指を開き、前方へのばしていく

ひこうきに のって いこう　　　　　　　　　　　　　　　　　　　　　　　　　　（いこう）

人さし指、中指、薬指を曲げ、親指と小指を開いて飛行機を作り、
体の横から斜め上に飛ばしていく

ロケットに のって いこう　　　　　　　　いやいや　あるいていこう　レッツ・ゴー！

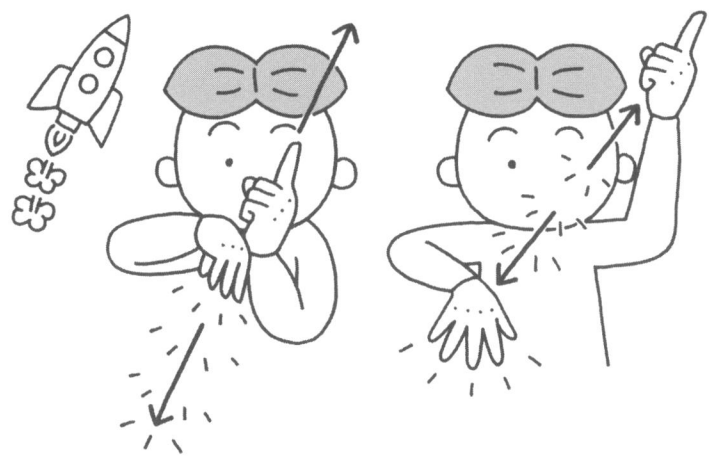

人さし指を立てて握った左手の下に、右手の甲をつけて、右手をパッパッ
パッと6回開きながら、左手は左上に高く、右手は右下へ切り離していく

手話ソングブック
ともだちになるために

Part 2
手のひらに歌をのせて

1　世界中のこどもたちが　/36

2　おはよう／42

3　ハッピーチルドレン　/48

4　ぼくたちのうた　/54

5　はじめの一歩　/60

6　ともだちになるために　/66

7　さよならぼくたちのほいくえん　/72

世界中のこどもたちが

新沢としひこ／作詞　中川ひろたか／作曲

せかいじゅうのこどもたちが いちどに ｛ わらったら そらも
　　　　　　　　　　　　　　　　　　 ないたら そらも

わらうだろう ラララ うみもわらうだろう　せかい
なくだろう ラララ うみもなくだろ

う ひろげよう ぼくらの ゆめを とどけよう ぼくらの

こえを さかせよう ぼくらの はなを せかいに にじもかけ

よう せかいじゅうの こどもたちが いちどに うたった

ら そらもうたうだろう ラララ うみもうたうだろう

Words by Shinzawa Toshihiko　Music by Nakagawa Hirotaka
©1989 by CRAYONHOUSE CULTURE INSTITUTE

世界中のこどもたちが

世界中の こどもたちが
いちどに 笑ったら
空も 笑うだろう
ラララ 海も 笑うだろう

世界中の こどもたちが
いちどに 泣いたら
空も 泣くだろう
ラララ 海も 泣くだろう

ひろげよう ぼくらの夢を
とどけよう ぼくらの声を
さかせよう ぼくらの花を
世界に 虹をかけよう

世界中の こどもたちが
いちどに うたったら
空も うたうだろう
ラララ 海も うたうだろう

♪……♪ 世界中のこどもたちが ♪……♪

スケールの大きな 元気の良い 歌なので
手話も元気に おおらかに 表現してね。
いろいろな 国と国、いろいろな 人と人…
へだたりが どんどん なくなっていくと 良いよね。
にじ は 世界に かかるように 大きく表現しよう！

手話では 手の動きだけでなく
顔の表情や目線も、とても
重要な意味を持ちます。
この歌では ♪笑う・泣く・うたう♪
ときに たっぷりと表情をつけて
表しましょう。

せかいじゅうの	**こどもたちが**	**いちどに**
両ひじをはって胸の前で五指を向き合わせ、手首を返すように前方にグルリと大きく回して、丸い地球を作る ★世界・地球	中央から左右へ、子どもの頭をポンポンとおさえるような動作をしながら、リズムに合わせて両手を広げていく ★子ども	体の幅に開いた両手の人さし指で前をさし、「に」でその指を中央に寄せる。 ☆一緒に
わらったら	**そらも　わら**	**う**
両手をパクパクさせながら（手は閉じない）、口元から顔の横まで開いていく ★笑う	手のひらで、右上に高く弧を描く ☆空	右上の空に向かって、口元で両手を2回パクパクさせる（手は閉じない） ☆笑う
だろう	**ラララ　うみも**	**わらうだろう**
右上の空に向けて耳をすませるように、2回うなずく ☆きく	手のひらを上向きに、おなかの前で左から右へ波打たせる	海に向かって、口元で両手をパクパクさせる（手は閉じない） ★笑う

38

世界中のこどもたちが

せかいじゅうの	こどもたちが	いちどに
左ページ1段目と同じ	左ページ1段目と同じ	左ページ1段目と同じ

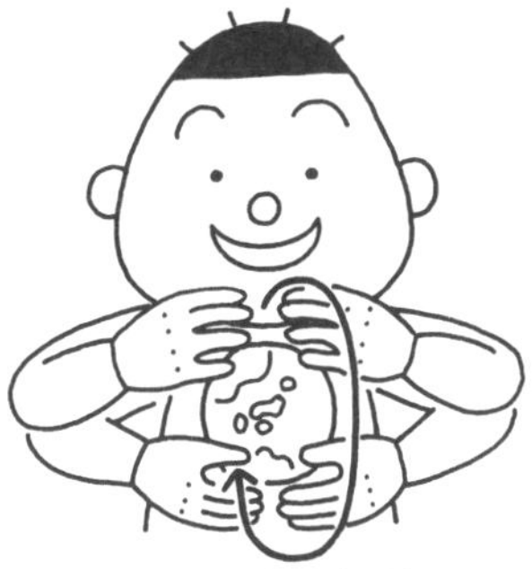

ないたら	そらも　な	く
目の下で泣く形を作り、両手一緒に左右に振る　★泣く	左ページ2段目「そらも　わら」と同じ	右上の空の方を向いて泣く　☆泣く

だろう	ラララ　うみも	なくだろう
左ページ3段目と同じ	左ページ3段目と同じ	海に向かって目の下で泣く形を作り、両手一緒に左右に振る　★泣く

39

ひろげよう	ぼくらの	ゆめを
軽く開いた手の小指をこめかみにあて、フワフワフワと斜め上に持ち上げていく ☆夢	右手を残したまま、左手も同様に持ち上げる	両手一緒に、はずむように左右に広げる

とどけよう	ぼくらの	こえを
両手のひらを上にして、前に差し出す ♥手にのせて物を渡すように	右手を口元にあてる	左手もそえて、呼びかけるようにうなずく

さかせ	よう	ぼくらの はなを
体の左前に両手で花のつぼみを作る	つぼみを開く	手首をクルクルひねりながら、開いた花を左から右に移動させる

せかいに	にじをかけよう	
両ひじをはって胸の前で五指を向き合わせ、手首を返すように前方にグルリと大きく回して、丸い地球を作る ★世界・地球	空を見上げ、小指と薬指を折った右手で高く大きく弧を描く ★虹	 これは手話の数字の7の形です。虹の七色を表します。

世界中のこどもたちが

せかいじゅうの 
左ページ4段目「せかいに」と同じ

こどもたちが 
中央から左右へ、子どもの頭をポンポンとおさえるような動作をしながら、リズムに合わせて両手を広げていく　★子ども

いちどに 
体の幅に開いた両手の人さし指で前をさし、「に」でその指を中央で寄せる。　☆一緒に

うたったら 
チョキの指をそろえ、人さし指側を口元にあて、そのまま、手をはずませながら上に広げていく　★歌・うたう

そらも　うた 
手のひらで、右上に高く弧を描く　☆空

う 
右上の空に向かって、手をはずませながら広げていく　☆歌・うたう

だろう 
右上の空に向けて耳をすませるように、2回うなずく　☆きく

ラララ　うみも 
手のひらを上向きに、低い位置で、左から右へ波打たせる

うたうだろう 
海に向かって、手をはずませながら広げていく　★歌・うたう

左ページ下の♪にじをかけよう♪のところで♪せかいに♪の左手を残したまま右手で虹をかけると『世界に虹をかける』という歌詞のイメージがより伝わります。

にじをかけよう

41

おはよう

新沢としひこ／作詞　中川ひろたか／作曲

1. きょうもきみにあえてうれしい　とてもすてきなあさだねーおはよう　きょうのそらはかがやいている　すばらしいひだねーおはよう　おはよう　いつかまいたちいさなタネが　みどりのめをだしている　きょうもなにかはじまりそうさ　おはよう　おはよう　おはよう

2. きょうもみんなにあえてうれしい　とてもすてきなあさだねーおはよう　ぼくらのこえがひろがっていく　すばらしいひだねーおはよう　おはよう　ちょっとまえまでしらないひとが　ともだちになっている　きょうもなにかはじまりそうさ　おはよう　おはよう　おはよう

Words by Shinzawa Toshihiko　Music by Nakagawa Hirotaka
©1991 by CRAYONHOUSE CULTURE INSTITUTE

おはよう

きょうも きみに あえてうれしい
とても すてきな 朝だね おはよう
きょうの 空は かがやいている
すばらしい日だね おはよう おはよう

いつか まいた 小さなタネが
みどりの 芽を だしている
きょうも なにか はじまりそうさ
おはよう おはよう おはよう

きょうも みんなに あえてうれしい
とても すてきな 朝だね おはよう
ぼくらの 声が ひろがっていく
すばらしい日だね おはよう おはよう

ちょっと前まで 知らない人が
ともだちになっている
きょうも なにか はじまりそうさ
おはよう おはよう おはよう

♪おはよう♪

実際に だれかに あいさつをしているような歌なので
呼びかけるように 話しかけるように うたってね。
『今日も きみに 会えて うれしい』と、そのまま手話で
お話しも できるよ。

この歌には ☀おはよう という手話がたくさん出てきます。まわりの人に話しかけるように体の向きをかえて、元気に表現してみましょう！

43

きょうも	きみに	あえて	うれしい
手のひらを下に、おなかの前に水平にポンと置く　★今日・今・現在	向かい側の相手を指さすようにする	左手を手前、右手を向かい側で人さし指を向き合わせ、こぶしを寄せ合う　♥人さし指はつけない　★会う	手のひらを自分に向け、胸の前で交互に何度も上げ下げする　★うれしい・楽しい・喜ぶ

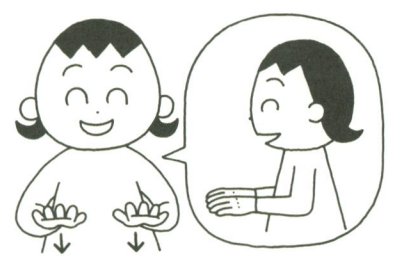

とてもすてきな	あさだね	おはよう
こぶしを鼻の前に持ってくる　♥こぶしは鼻にあてない　☆良い	首をかしげ、こめかみにあてたこぶしを下に引くようにおろし、同時に顔を起こす　★朝・起きる	向かい合わせた人さし指を、同時に曲げる　☆あいさつ

きょうの	そらは	かがやいている
1段目「きょうも」と同じ	手のひらで、右上に高く弧を描く　♥空を見上げるように　★空	左手のひらにのせた右手を、右上に高くゆっくりスライドさせていく　♥姿勢は右向き

すばらしい ひだね	おはよう	おはよう
こぶしを鼻の前から右横（上）にのばしていく　♥こぶしは鼻にあてない　☆すばらしい	右を向いて、2段目「あさだね おはよう」と同じ動作をする　♥このワンセットで「おはよう」	左を向いて、もう一度同じ動作をする

おはよう

いつか まいた ちいさな タネが
手をつぼめて、「いつかまいた」で左から右へ4回タネをまき、「ちいさなたねが」でその動作をくり返す

みどりのめを だして
おなかの前で両手を上向きに指を立て、交互に上げ下げしながら左右に広げていく
☆緑・草

いる
草の形の左手を残したまま、右手の人さし指を、ユラユラさせながら上にのばしていく
♥左手はおろしても良い

きょうも
手のひらを下に、おなかの前に水平にポンポンと2回置く　★今日・今・現在

なにか
人さし指を左右に振る　★何？

はじまりそうさ
手のひらを外向きに重ね合わせてひじをはり、両手を上に開く　★始まる・始める

おはよう
右を向いて、左ページ2段目の「あさだね　おはよう」と同じ動作をする

おはよう
左を向いて、「おはよう」

おはよう
正面を向いて、「おはよう」

1段目の♪みどりのめをだして♪の表現は、草や緑を表す手話です♛
右の絵のように動きをかえると『森』という手話になります。

森

きょうも	みんなに	あえて	うれしい
手のひらを下に、おなかの前に水平にポンと置く　★今日・今・現在	手のひらを下にふせ、体の前で円を描くように水平に大きく回す　★みんな	左手を手前、右手を向かい側で人さし指を向き合わせ、こぶしを寄せ合う　★会う	手のひらを自分に向け、胸の前で交互に何度も上げ下げする　★うれしい・楽しい・喜ぶ

とてもすてきな	あさだね	おはよう
こぶしを鼻の前に持ってくる　☆良い	首をかしげ、こめかみにあてたこぶしを下に引くようにおろし、同時に顔を起こす　★朝・起きる	向かい合わせた人さし指を、同時に曲げる　☆あいさつ

ぼくらの	こえが　ひろがって	いく
手のひらを下にふせ、体の前で円を描くように水平に大きく回す　☆みんな	右手・左手の順に、呼びかけるように口元にそえる	手をあてたまま、首を左右に傾ける

すばらしい　ひだね	おはよう	おはよう
こぶしを鼻の前から右横（上）にのばしていく　♥こぶしは鼻にあてない　☆すばらしい	右を向いて、2段目の「あさだね　おはよう」と同じ動作をする	左を向いて、もう一度同じ動作をする

おはよう

ちょっと まえまで	しらない	ひとが
顔の横で手のひらを後ろに向け、「まえまで」で軽く後ろにたおす ☆過去	肩にあてた指先を、上に2回払う ★知らない・わからない	人さし指で左の方にいる人、右の方にいる人を順番にさすようにする

ともだちに	なって	いる
手のひらを上に右手・左手の順に両側に開く ♥目線は右手、左手を追う	広げた両手を胸の前で組む ☆友だち	胸の前で組んだ手を水平に右回りに大きく回す ☆友だち・仲間

きょうも	なにか	はじまりそうさ
手のひらを下に、おなかの前に水平にポンポンと2回置く ★今日・今・現在	人さし指を左右に振る ★何？	手のひらを外向きに重ね合わせてひじをはり、手を上に開く ★始まる・始める

おはよう	おはよう	おはよう
右を向いて、左ページ2段目の「あさだね　おはよう」と同じ動作をする	左を向いて「おはよう」	正面を向いて「おはよう」

ハッピーチルドレン

新沢としひこ／作詞　中川ひろたか／作曲

1. そらはふしぎな まほうのちから ぼくとはなすと しあわせになる だれでもいいさ みみをかしなよ ほっぺゆるんで わらいたくなる ハッピー ハッピー ハッピーチルドレン ハッピー ハッピー チルドレン おこりんぼは どこ ハッピー ハッピー ハッピーチルドレン ハッピーチルドレン さみしがりは だれ ハッピー ハッピー ハッピーチルドレン ハッピーチルドレン ぼくらをみてごらん ハッピー ハッピー ハッピーチルドレン ハッピーチルドレン けんかは おしまい

2. そらはふしぎな まほうのちから わたしをみると しあわせになる ちょっとみててよ じょうずにスキップ きっといっしょに おどりたくなる ハッピー ハッピー ハッピーチルドレン ハッピー ハッピー チルドレン いばりんぼは

Words by Shinzawa Toshihiko　Music by Nakagawa Hirotaka
©1989 by CRAYONHOUSE CULTURE INSTITUTE

ハッピーチルドレン

それはふしぎな 魔法の力
ぼくとはなすと 幸せになる
だれでもいいさ 耳をかしなよ
ほっぺゆるんで 笑いたくなる

ハッピー ハッピー ハッピーチルドレン
ハッピーチルドレン おこりんぼはどこ？
ハッピー ハッピー ハッピーチルドレン
ハッピーチルドレン さみしがりはだれ？

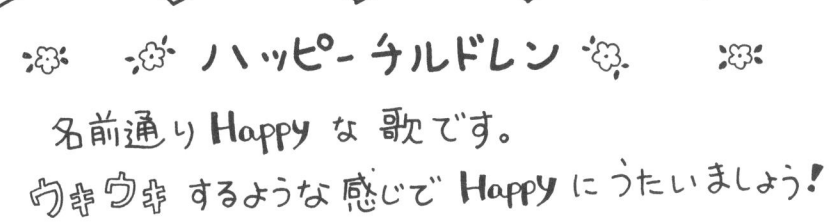

それはふしぎな 魔法の力
わたしを見ると 幸せになる
ちょっと見ててよ じょうずにスキップ
きっといっしょに 踊りたくなる

ハッピー ハッピー ハッピーチルドレン
ハッピーチルドレン いばりんぼはどこ？
ハッピー ハッピー ハッピーチルドレン
ハッピーチルドレン へそまがりはだれ？

ハッピー ハッピー ハッピーチルドレン
ハッピーチルドレン ぼくらを見てごらん
ハッピー ハッピー ハッピーチルドレン
ハッピーチルドレン けんかはおしまい

ハッピーチルドレン

名前通りHappyな歌です。
ウキウキするような感じでHappyにうたいましょう！
きれいにきちんとうたう というより、ちょっといたずらっぽく
うたうようなつもりで表情を出してみよう。
テンポの良い歌なので、動きも切れ味良く
リズムを表現してね。

歌のテンポに合わせて
手の動きも早くなります。
慣れたらスピードをどんどん
あげてうたってみましょう！

それは	ふしぎな	まほうの ちから
人さし指で自分のあごをさす ☆不思議	人さし指をあてたまま首をかしげる	人さし指と中指を立てた右手で、左手の人さし指と中指を握り、額の前から胸まで、「？」マーク（自分から見て）を描きながらおろしていく ★魔法

ぼくと	はなすと	しあわせ	に なる
自分の胸を指さす	左手を手前、右手を外側で向き合わせ2回閉じる	あごにあてた手を、ひげをなでるように下に引いて閉じる（2回） ★幸せ	左右にいる人を、すばやく指さすようにする

だれでも いいさ	みみを	かしなよ
身をのり出すように両手を前にのばし、おいでおいでを4回する	聞き耳をたてる ☆きく	おいでを2回

ほっぺ ゆるんで	わらいた	く なる
両頬をつまむように両手を2回パクパクさせる ♥手は閉じない ☆笑う	両手のひらを自分に向け、胸の前で交互に何度も上げ下げする ☆うれしい・楽しい・喜ぶ	2段目「に なる」と同じ

ハッピーチルドレン

ハッピー ハッピー ハッピー	チルドレン	ハッピー	チルドレン
右手で右肩、左手で左肩を、同時に上に払うように叩く（3回） ♥アメリカの手話で "happy"	中央から左右へ、子どもの頭をポンポンとおさえるように移動させる ★子ども	1コマ目の「ハッピー」を1回	2コマ目の「チルドレン」と同じ

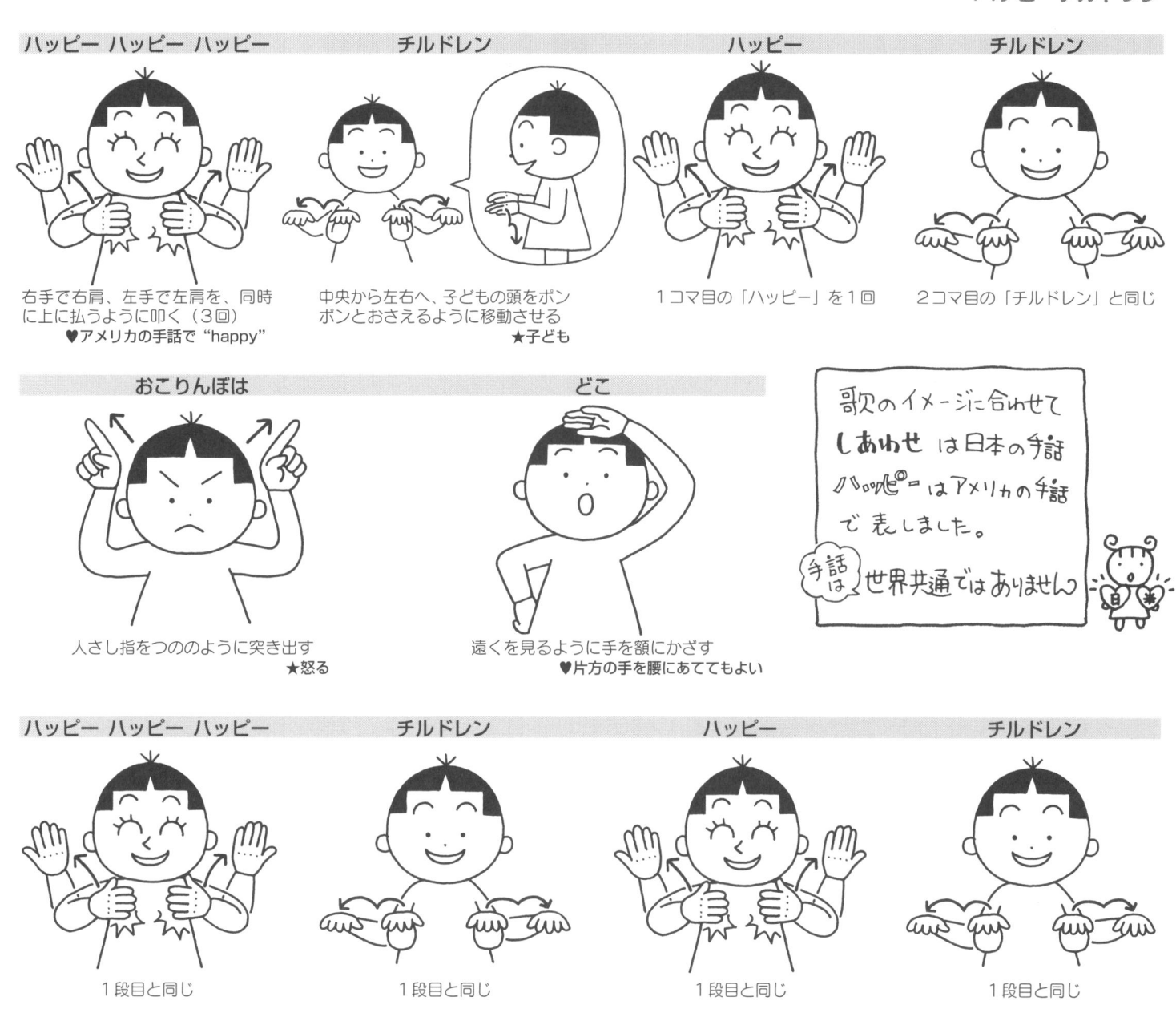

おこりんぼは	どこ
人さし指をつののように突き出す ★怒る	遠くを見るように手を額にかざす ♥片方の手を腰にあててもよい

歌のイメージに合わせて **しあわせ** は日本の手話 **ハッピー** はアメリカの手話で表しました。
手話は世界共通ではありません

ハッピー ハッピー ハッピー	チルドレン	ハッピー	チルドレン
1段目と同じ	1段目と同じ	1段目と同じ	1段目と同じ

さみしがりは	だれ
親指を下に、胸の前で手を閉じる ★寂しい	右手の甲を右頬にあて、頬をなでながら手のひらを前に差し出す ★誰

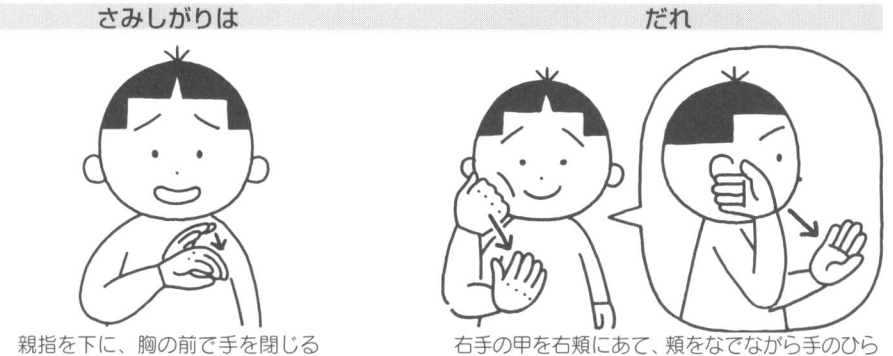

それは	ふしぎな	まほうの ちから
人さし指で自分のあごをさす ☆不思議	人さし指をあてたまま首をかしげる	人さし指と中指を立てた右手で、左手の人さし指と中指を握り、額の前から胸まで、「？」マーク（自分から見て）を描きながらおろしていく ★魔法

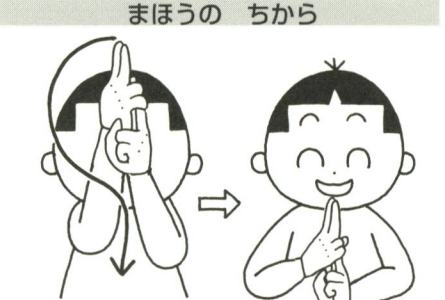

わたしを	みると	しあわせ	に なる
自分を指さす	チョキの指先を自分に向けて向かい側から引き寄せる	あごにあてた手を、ひげをなでるように下に引いて閉じる（2回） ★幸せ	左右にいる人を、すばやく指さすようにする

ちょっと みててよ	じょうずにスキップ	きっと いっしょに	おどりたくなる
身をのり出すように両手を前にのばし、おいでおいでを4回する	その場でスキップをする	両手の人さし指で前をさし、「いっしょに」でその指を中央に寄せる ☆一緒に	2コマ目と同じ

ハッピーチルドレン

ハッピー ハッピー ハッピー　チルドレン　ハッピー　チルドレン	いばりんぼは　どこ
51ページ1段目と同じ	おなかを突き出し、手を腰にあてる／遠くを見るように手を額にかざす　♥片方の手を腰にあててもよい

ハッピー ハッピー ハッピー　チルドレン　ハッピー　チルドレン	へそまがりは　だれ
	ひじてつのポーズ／右手の甲を右頬にあて、頬をなでながら手のひらを前に差し出す　★誰

ハッピー ハッピー ハッピー　チルドレン　ハッピー　チルドレン	ぼくらを　みてごらん
	おいでおいでを4回する

ハッピー ハッピー ハッピー　チルドレン　ハッピー　チルドレン	けんかは　おしまい
	チャンバラをするように、人さし指を顔の前で打ち合わせる　★けんか／上向きに軽く開いた手を、「まい」でおろして閉じる　★終わり・〜でした・〜ました

ぼくたちのうた

新沢としひこ／作詞　中川ひろたか／作曲

1. はるのそらにひびけ ぼくたちのうた
   くもをおいかけ はしったあのはるのひ
   なつのうみにひびけ ぼくたちのうた
   うちよせるなみも らめくあのなつのひ

2. あきのかぜにひびけ ぼくたちのうた
   おちばのたきび かこんだあのあきのひ
   ふゆのやまにひびけ ぼくたちのうた
   ゆきにまみれて あるんだあのふゆのひ

Sing a Song わすれないさ Sing a Song あのときも
Sing a Song わすれないさ Sing a Song いつまでも

Words by Shinzawa Toshihiko　Music by Nakagawa Hirotaka
©1990 by CRAYONHOUSE CULTURE INSTITUTE

ぼくたちのうた

春の空に ひびけ ぼくたちのうた
雲を追いかけ 走ったあの春の日
夏の海にひびけ ぼくたちのうた
打ちよせる波 きらめくあの夏の日
シング ア ソング 忘れないさ
シング ア ソング あのときを
シング ア ソング 忘れないさ
シング ア ソング いつまでも

秋の風にひびけ ぼくたちのうた
落葉のたきび かこんだあの秋の日
冬の山にひびけ ぼくたちのうた
雪にまみれて 遊んだあの冬の日
シング ア ソング 忘れないさ
シング ア ソング あのときを
シング ア ソング 忘れないさ
シング ア ソング いつまでも

♪……♫ ぼくたちのうた ♫……♪

四季をうたった シンプルで叙情的な歌
ゆっくり ていねいに 手話を表現しよう。
同じことばを くり返す部分が多いから
情感を こめて 単調にならないように。

春は暖かい風が下から吹きあがってくるように

夏はうちわであおぐ仕草

冬は寒くてふるえる様子

秋は涼しい風が顔の横を通りすぎるように

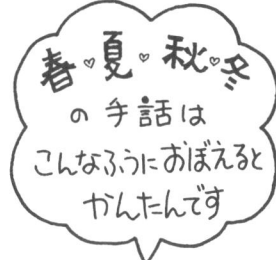

春・夏・秋・冬の手話はこんなふうにおぼえるとかんたんです

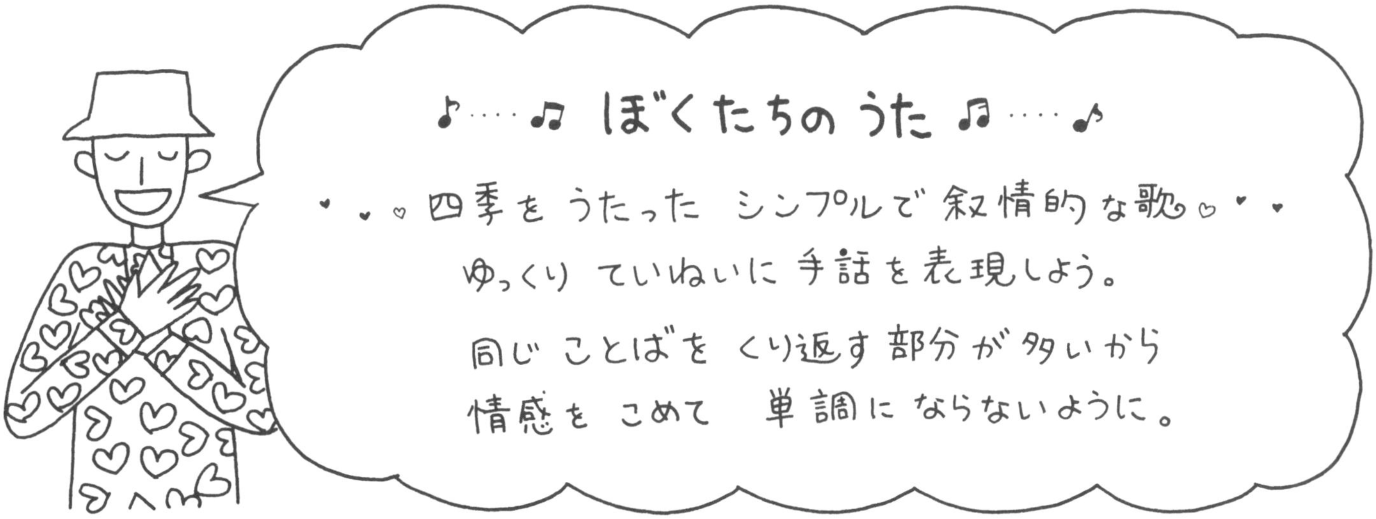

はる	の そらに	ひびけ
自分に向けて風を吹き寄せるように、下から上へ2回大きく回す　★春・暖かい	手のひらで、右上に高く弧を描く　♥空を見上げるように　★空	両手を口にそえ、右上の空に向かって2回うなずく

ぼくたちの	うた	くもを
手のひらを下にふせ、体の前で円を描くように水平に大きく回す　☆みんな	チョキの指をそろえ、人さし指側を口元にあて、そのまま手を3回はずませながら右斜め上に広げていく　★歌・うたう	正面に高く上げた両手を、3回パクパクさせながら（手は閉じない）中央から左右に開く　★雲

おいかけ	はしった あの	はるの ひ
雲を追うように、右手のチョキの指先を右から左へ動かす　♥右手の先を目で追う	腕を振って走るポーズ	1段目「はる」と同じ

ぼくたちのうた

なつ
うちわを持って顔をあおぐ動作をする
★夏・暑い・南

の うみに
手のひらを上にし、左から右へ、波打つように移動させる　♥目線は手を追う　☆波

ひびけ
両手を口にそえ、海に向かって2回うなずく

ぼくたちの
左ページ2段目と同じ

うた
左ページ2段目「うた」を正面に向かって
★歌・うたう

うちよせるなみ
1段目「の うみに」と同じ

きらめく あの
左手のひらにシュリケンのようにのせた右手を、ゆっくりと水平に（海の方へ）スライドさせていく　☆きれい・美しい

なつの ひ
1段目「なつ」と同じ

シング ア ソング	わすれないさ	シング ア ソング	あのときを
チョキの指をそろえ、人さし指側を口元にあて、そのまま手を2回はずませながら上に広げていく ★歌・うたう	頭の右上からこめかみへ、軽く開いた手をおろしながら握る ☆おぼえる	1コマ目と同じ	軽く開いた手の小指をこめかみにあて、斜め上にフワフワフワと持ちあげていく
シング ア ソング	わすれないさ	シング ア ソング	いつまでも
1段目と同じ	1段目と同じ	1段目と同じ	OKの輪をからめ、胸元から前方へゆっくり押し出していく ☆ずっと・続く
あきの かぜに	ひびけ	ぼくたちの	うた
顔の横を前から後ろにゆっくりあおぐ ☆秋・涼しい	両手を口にそえ、正面に向かって2回呼びかけるようにする	手のひらを下にふせ、体の前で円を描くように水平に大きく回す ☆みんな	1段目「シング ア ソング」と同じ手話 ♥手を3回はずませる
おちばの	たきび	かこんだ あの	あきの ひ
親指と人さし指を、おなかの前で向き合わせ、木の幹を作るように上に動かし、枝を広げる ☆木	前の動作に続けて、高くあげた両手を、葉が散るようにヒラヒラさせながら左斜め下におろしていく	前の動作に続けて、両手のひらで右、左とたき火にあたる	3段目「あきの かぜに」と同じ

ぼくたちのうた

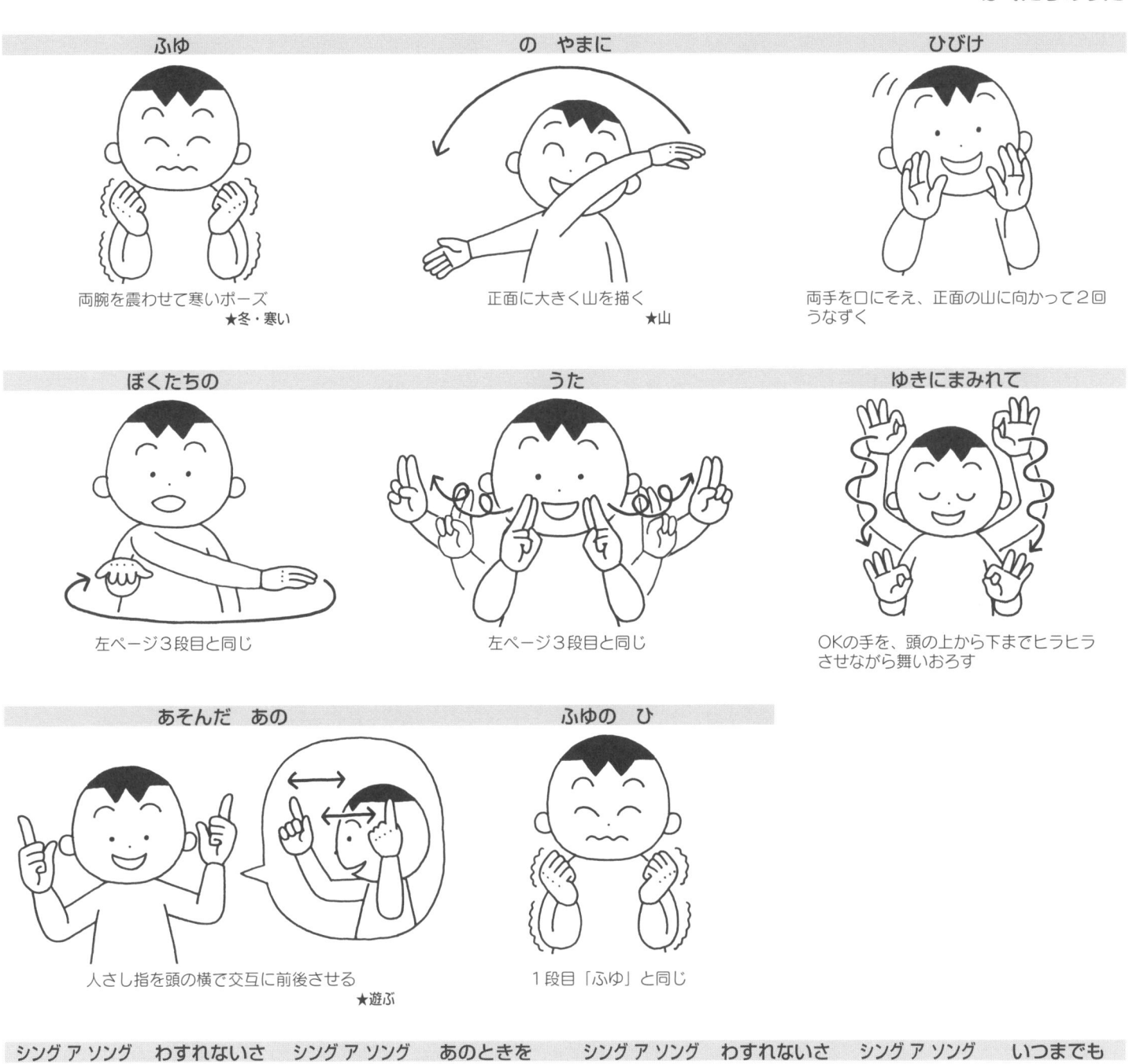

ふゆ	の やまに	ひびけ
両腕を震わせて寒いポーズ ★冬・寒い	正面に大きく山を描く ★山	両手を口にそえ、正面の山に向かって2回うなずく

ぼくたちの	うた	ゆきにまみれて
左ページ3段目と同じ	左ページ3段目と同じ	OKの手を、頭の上から下までヒラヒラさせながら舞いおろす

あそんだ あの	ふゆの ひ
人さし指を頭の横で交互に前後させる ★遊ぶ	1段目「ふゆ」と同じ

シング ア ソング　わすれないさ　シング ア ソング　あのときを　シング ア ソング　わすれないさ　シング ア ソング　いつまでも

左ページ1段目、2段目のくり返し

はじめの一歩

新沢としひこ／作詞　中川ひろたか／作曲

1. ちいさなとりが うたっているよ ぼくらーにー
   あさが おとずれた よーとー きのうとちがう
   あさひがのぼる かわのーながれも かがやいてーい
   る はじめのいっぽ あしたにいっぽ きょうか
   らなーにも かもが あたらーしい はじめ
   のいっぽ あしたにいっぽ ゆうき
   をもっておおきく いっぽあるきだせ

2. しんじることを わすれちゃいけない かならーずー
   あさは おとずれる かーらー ぼくらのゆめを
   なくしちゃいけない きっといつかは かなーうはずだ
   よ はじめのいっぽ あしたにいっぽ きょうか
   らなーにも かもが あたらーしい はじめ
   のいっぽ あしたにいっぽ うまれ
   かわっておおきく いっぽあるきだせ

Words by Shinzawa Toshihiko　Music by Nakagawa Hirotaka
©1989 by CRAYONHOUSE CULTURE INSTITUTE

はじめの一歩

小さな 鳥が うたっているよ
ぼくらに 朝が おとずれたよと
きのうと ちがう 朝日がのぼる
川の ながれも かがやいている
はじめの一歩 あしたに一歩
きょうから なにもかもが あたらしい
はじめの一歩 あしたに一歩
勇気をもって 大きく
一歩 歩きだせ

信じることを 忘れちゃいけない
かならず 朝は おとずれるから
ぼくらの夢を なくしちゃいけない
きっと いつかは かなうはずだよ
はじめの一歩 あしたに一歩
きょうから なにもかもが あたらしい
はじめの一歩 あしたに一歩
生まれかわって 大きく
一歩 歩きだせ

はじめの一歩

新しい世界に 一歩 踏み出して いく気持ちを うたった歌。 情感をこめて 優しく表現しても良いし 元気に表現しても 良いよね。

毎日が『はじめの一歩』いつも新鮮な気持ちを大切に

歌詞の意味を考えると♪はじめの♪で使える手話は2種類あります。ここでは子どもが表現しやすいように動作が大きくてかんたんな左側の手話を使いました。ちょっとむずかしいけど『最初・初めて』という右側の手話も使ってみてください。

始まる・始める

はじめの

手のひらを外向きに重ね合わせてひじをはり、手を上に開く

最初・初めて

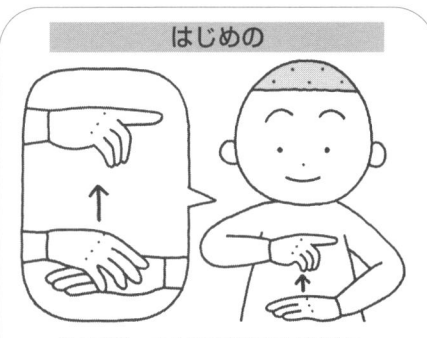

はじめの

ひじをはった左手の甲に右手を重ね、右手を持ちあげながら人さし指を残して4指をつぼめる

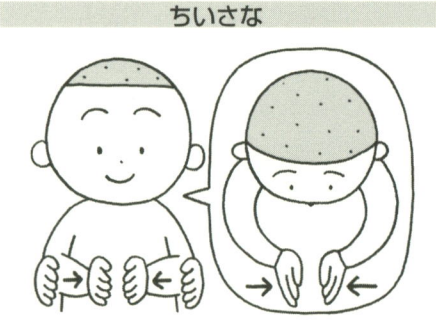

ちいさな
おなかの高さで手のひらを向き合わせ、体の幅から中央に小さくせばめていく

とりが
人さし指と親指でくちばしの形を作り、口の前で2回合わせる　★鳥

うたっているよ
チョキの指をそろえ、人さし指側を口元にあて、そのまま手をはずませながら上に広げていく　★歌・うたう

ぼくらに
手のひらを下にふせ、体の前で円を描くように水平に大きく回す　☆みんな

あさが
首をかしげ、こめかみにあてたこぶしを下に引くと同時に顔を起こす　★朝・起きる

おとずれたよと
くちばしでついばむように、左・正面・右と3回おじぎをする

きのうと
顔の横に立てた人さし指で、肩ごしに背後を指さす（1日前を表す）　★昨日

ちがう
上向きに軽く開いた両手を、おろしながらつぼめる　☆終わる・〜ました・〜でした

あさひがのぼる
右手のOKマーク（太陽）を胸の前から外へ、左手の下をくぐって上まであげる　★日がのぼる

かわのながれも
手のひらを上にし、左から右へ、リズムに合わせて7回、波打つようになめらかに移動させる　☆川

かがやいている
胸の前で両手をヒラヒラさせながら（表裏に返しながら）、中央から左右に開いていく

はじめの一歩

はじめの	いっぽ	あしたに	いっぽ
手のひらを外向きに重ねてひじをはり、「の」で手を上に開く ☆始まる・始める	その場で一歩、足踏みをする	人さし指を、顔の横から前へ出す（1日後を表す） ★明日	その場で一歩、足踏みをする

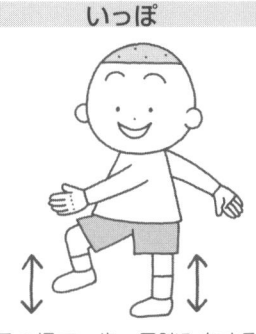

きょうから	なにもかもが	あたらしい
両手のひらを下に、おなかの前に水平にポンと置く ★今日・今・現在	指先を前に向け、上から下へ両手で大きく円を描き、下で閉じる ★何もかも・全部	耳の横で両手をつぼめ、腕を下におろすとともに手も開く ★新しい

はじめの	いっぽ	あしたに	いっぽ
1段目と同じ	1段目と同じ	1段目と同じ	1段目と同じ

ゆうきを	もって	おおきく	いっぽあるきだせ
親指と人さし指を立て、おなかにあてる	胸をはり、「ゆうきを」の手の形のまま、位置を外側に変える ♥「ゆうきを もって」のワンセットで「勇気」	両手を握ってひじをはり、胸の高さから2回、力強くおろす ☆元気・がんばる	リズムに合わせてその場で足踏み

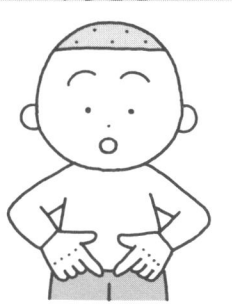

しんじることを	わすれちゃ	いけない
右手のひらを上にしておなかにあて、胸までゆっくり持ちあげながら握る ★信じる	首をかしげ、こめかみに軽く握った手をあて、顔を起こすと同時にその手を上にポッと開く ★忘れる	親指を立てた手を正面に出す（アウトのポーズ） ★いけない・駄目

かならず	あさは	おとずれるから
四指の先で、左肩、右肩をさす ☆できる・大丈夫	ひじをはった左手の小指に、右手の小指を下から引っかける（左手のひらを自分に向け、右手のひらは外向きに） ☆必ず・約束	右手のOKマーク（太陽）を胸の前から外へ、左手の下をくぐって上までのぼらせる ☆日がのぼる

ぼくらの ゆめ	を	なくしちゃ	いけない
手のひらを下にふせ、体の前で円を描くように水平に大きく回す ☆みんな	軽く開いた手の小指をこめかみにあて、右斜め上にフワワワワと持ちあげていく ☆夢	右上に描いた夢を、つかみそこねるように、腕をクロスさせながら手を握る	1段目「いけない」と同じ

きっと	いつかは	かなう はず	だよ
顔の横から手のひらを前へ押し出す ☆未来	2段目の「あさは」と同じ ☆必ず・約束	右斜め上に出した両手を、自分の前に引き寄せる ♥手にのせて物をもらうように	2段目の「かならず」と同じ ☆できる・大丈夫

はじめの一歩

はじめの いっぽ あしたに いっぽ	きょうから	なにもかもが	あたらしい
63ページ1段目と同じ	手のひらを下に、おなかの前に水平にポンと置く ★今日・今・現在	指先を前に向け、上から下へ両手で大きく円を描き、下で閉じる ★何もかも・全部	耳の横で両手をつぼめ、腕を下におろすとともに手も開く ★新しい

はじめの いっぽ あしたに いっぽ	うまれかわって 	おおきく 	いっぽあるきだせ 
	1段目「あたらしい」と同じ ☆新しい	両手を握ってひじをはり、胸の高さから2回、力強くおろす ☆元気・がんばる	リズムに合わせてその場で足踏み

左ページの 2段目と 4段目

歌詞 ▶	かならず	あさは	おとずれるから
手話 ▶	大丈夫	必ず	日はのぼる

歌詞 ▶	きっと	いつかは	かなうはず	だよ
手話 ▶	未来	必ず	手に入る	大丈夫

のように 歌詞と手話が一致していないところがあるのは、日本語と手話のことばの仕組みの違いによるものです。

♡ちょっと おぼえにくいけど がんばってみましょう！

∞バリエーション∞
♪いっぽ♪ のところは足ぶみでなく、手で表現することもできます。

いっぽ

おなかの前に水平に両手をそろえ、右手を一歩前に出す

ともだちになるために

新沢としひこ／作詞　中川ひろたか／作曲

1. ともだちになるために ひと とはであうんだよ きょうまでとおくとおく はなれてたきみと ともだちになるために ひとはであうんだよ いつかきっといつかきっと わかりあえるはず いままでであったたくさんの きみときみときみと きみときみと これからであうたくさんの きみときみときみと きみとともだち

2. ともだちになるために ひととはであうんだよ どこかでのこしてきた ひとかけらのゆめ ともだちになるために ひとはであうんだよ なみだこえてえがおにあえる そのひがくるから

Words by Shinzawa Toshihiko　Music by Nakagawa Hirotaka
©1989 by CRAYONHOUSE CULTURE INSTITUTE

ともだちになるために

ともだちに なるために 人は 出会うんだよ
どこの どんな人とも きっと わかりあえるさ
ともだちに なるために 人は 出会うんだよ
同じような 優しさ もとめあって いるのさ

今まで出会った たくさんの
君と 君と 君と 君と 君と 君と 君と
これから出会う たくさんの
君と 君と 君と 君と ともだち

ともだちに なるために 人は 出会うんだよ
一人 さみしいことが 誰にでも あるから
ともだちに なるために 人は 出会うんだよ
誰かを 傷つけても 幸せには ならない

今まで出会った たくさんの
君と 君と 君と 君と 君と 君と 君と
これから出会う たくさんの
君と 君と 君と 君と ともだち

ともだちに なるために

今まで出会った人 これから出会う人…
ぼくたちは たくさんの 人たちと かかわりながら 生きているんだよね。

手話を使って また 新しい ともだちが できたら
すばらしいね。

この歌は 一言一言を 大切に 表現しよう。

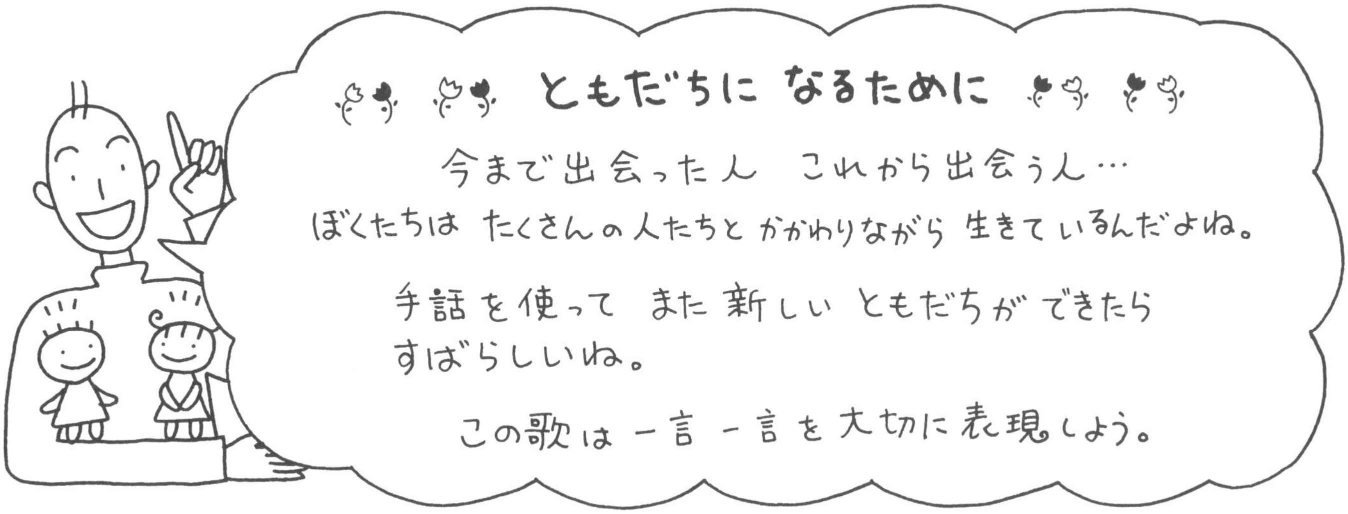

✿ ともだち という手話は 手をつなぐ仕草を 表したものです。
手の合わせ方や 動きによって いろいろな 意味が プラス されます。
✽ 歌詞の最後にある ♪ともだち♪ は つないだ手を グルッと
　回して『仲間（複数の人）』を 表現します。
✽ ギュッと 強く握れば『親友』という意味になります。

ともだち　　ともだち（複数）・仲間　　親友♥

ともだちに	なるために	ひとは	であうんだよ
手のひらを上に右手・左手の順に両側に開く　♥目線は右左を追う	開いた両手を胸の前で合わせる　☆友だち	手のひらを下にふせ、体の前で円を描くように水平に大きく回す　☆みんな	人さし指を顔の前でゆっくり向き合わせる　★会う

どこのどんな	ひととも	きっと　わかり	あえるさ
人さし指で左にいる人、右にいる人を順番にさすようにする	1段目「ひとは」と同じ	人さし指と親指を立てた手を交差させ、指を閉じる（2回）　☆お互い	胸にあてた手のひらを下へすべらせる　☆わかる・知る

ともだちに	なるために	ひとは	であうんだよ
1段目と同じ	1段目と同じ	1段目と同じ	1段目と同じ

この歌では曲のゆっくりしたテンポにあわせて♪ともだちになるために♪のところを『ともだち』という手話を2つに分けた形で表しています。
※みんなで並んでうたうときなどは右の絵のように左右の人と手をつないで表すこともできます。

こっちも使ってみてね

なるために
両側の人と手をつなぎ、左右一緒に前後に振る

ともだちになるために

おなじような	やさしさ	もとめ	あって いるのさ
左ページ2段目「どこのどんな」と同じ	胸の前で両手を向き合わせ、3回パクパクさせながら（手は閉じない）左右に開いていく　★優しい	左ページ2段目「きっと わかり」と同じ　☆お互い	右手の甲で左の手のひらを軽く2回叩く　☆求める

いままで	であった たくさんの	きみと きみと きみと きみと きみと きみと きみと
手のひらを後ろに向けて顔の横から背の方にたおす　☆過去	左手を手前、右手を向かい側で人さし指を向き合わせ、こぶしを寄せ合う。（人さし指はつけない）♥体の向きを変えながらこの動作を何度もくり返す　☆会う	人さし指を移動させながら、歌詞に合わせて7回指さしていく

これから	であう たくさんの	きみと きみと きみと きみと	ともだち
顔の横から手のひらを前へ押し出す　☆未来	2段目「であった たくさんの」と同じ	人さし指を移動させながら4回指さす	胸の前で組んだ手を水平に右回りに大きく回す　★友だち・仲間

ともだちに	なるために	ひとは	であうんだよ
手のひらを上に右手・左手の順に両側に開く ♥目線は右左を追う	開いた両手を胸の前で合わせる ☆友だち	手のひらを下にふせ、体の前で円を描くように水平に大きく回す ☆みんな	人さし指を顔の前でゆっくり向き合わせる ★会う

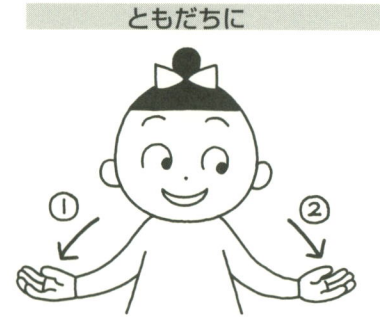

ひとり	さみしいことが	だれにでも	あるから
自分を指さす ☆私	開いた右手をゆっくり左胸にあてて閉じる ★さみしい	1段目「ひとは」と同じ	両手の人さし指と親指を開き、指を2回閉じる ☆同じ

ともだちに	なるために	ひとは	であうんだよ
1段目と同じ	1段目と同じ	1段目と同じ	1段目と同じ

だれかを	きずつけても	しあわせ	には ならない
人さし指で左にいる人、右にいる人を順番にさすようにする	チャンバラをするように、人さし指を顔の前で打ち合わせる ☆ケンカ	あごにあてた手を、ひげをなでるように下に引いて閉じる（2回） ★幸せ	手を胸に残したまま、首を左右に振る

ともだちになるために

いままで 
手のひらを後ろに向けて顔の横から背の方にたおす　☆過去

であった たくさんの 
左手を手前、右手を向かい側で人さし指を向き合わせ、こぶしを寄せ合う。（人さし指はつけない）
♥体の向きを変えながらこの動作を何度もくり返す　☆会う

きみと きみと きみと きみと きみと きみと きみと 
人さし指を移動させながら、歌詞に合わせて7回指さしていく

これから 
顔の横から手のひらを前へ押し出す　☆未来

であう たくさんの 
1段目「であった たくさんの」と同じ

きみと きみと きみと きみと 
人さし指を移動させながら4回指さす

ともだち 
胸の前で組んだ手を水平に右回りに大きく回す　★友だち・仲間

『会う』という手話にはいろいろなバリエーションがあって、この歌の中にも **2**種類の出会いがあります。

だれかとだれかとの出会いを表した手話です。

この表現では体の近くに置いた左手の人さし指が自分自身を意味します。右手の人さし指は自分以外の人を表し、右手の動きや体の向きを変えることによっていろいろな人との出会いを表現することができます。

さよなら ぼくたちの ほいくえん

新沢としひこ／作詞　島筒英夫／作曲

たくさん の まいにち を ここで すごして きた ね なー
たくさん の まいにち を ここで すごして きた ね うん

んど わらって なんど ないて なんど かぜ を ひいて たくさ
しい こと も かな しい こと も きっと わすーれない たくさ

ん の ともだち と ここで あそんで きた ね どみ
ん の ともだち と ここで あそんで きた ね み

こで はしって どこで ころんで どこで けんか を して
ずー あそび も ゆき ー だるま も ずっと わすーれ ない

さよなら ぼくたち の ほいくえん ぼくたち の あそんだ にわ ー
さよなら ぼくたち の ほいくえん ぼくたち の あそんだ にわ ー

さくら の はなーびら ふる ころ は ランドセル の ー いちねん せい
このつぎ あそーびに くる とき は ランドセル の ー いちねん せい

©1996 by ASK MUSIC Co.,Ltd.

さよならぼくたちのほいくえん

たくさんの毎日を ここですごしてきたね
なんど笑って なんど泣いて
なんどかぜをひいて
たくさんのともだちと ここで遊んできたね
どこで走って どこでころんで
どこでけんかをして
さよなら
ぼくたちのほいくえん(ようちえん)
ぼくたちの遊んだにわ
桜の花びら ふるころは
ランドセルの一年生

たくさんの毎日を ここですごしてきたね
うれしいことも かなしいことも
きっと忘れない
たくさんのともだちと ここで遊んできたね
水遊びも 雪ダルマも
ずっと忘れない
さよなら
ぼくたちのほいくえん(ようちえん)
ぼくたちの遊んだにわ
このつぎ 遊びにくるときは
ランドセルの一年生

♪ さよなら ぼくたちの ほいくえん ♪

卒園式で うたって ほしいな。
手話で うたうと きっと いろいろな 場面が 目に うかんでくるよ。
時間は 過ぎさって いったけれど 大切な 思い出が
ずっと 胸の中に 残っている…
そんな 気持ちを 表現できたら いいな。

保育園
手のひらを向き合わせ、交互に斜めに上げ下げする
五指を曲げ、体の前にふせる

幼稚園
手の上下を返しながら、左右で軽く手をたたく
五指を曲げ、体の前にふせる

この歌では ♪ぼくたちのほいくえん♪
のところを 保育園と幼稚園の
両方で 使えるような 仕草に
しました。
⇦本来の手話は、それぞれ
左のような 表現です。

たくさんの	まいにちを
胸の前で手のひらを上にして、親指から順に、指を折りながら、左右同時に流れるように両側に広げていく ★たくさん	親指を立てて人さし指を向き合わせ、人さし指を下から上（前）へ送るように、左右同時に2回、回す ★毎日・いつも

♪どこで♪で指さすときは砂場やブランコなど実際の場所をさしても良いでしょう。

ここで	すごしてきたね
五指を曲げ、体の前にふせる ☆場所	人さし指を頭の横で交互に前後させる ☆遊ぶ

♪すごしてきたね♪には あそぶ という手話を使いました。

なんど	わらって	なんど	ないて	なんど	かぜをひいて
1段目「たくさんの」と同じ	口の前で両手をパクパクさせる（手は閉じない）★笑う	1段目「たくさんの」と同じ	目の下で泣く形を作り、両手一緒に左右に振る ★泣く	1段目「たくさんの」と同じ	せきをする仕草 ★風邪

たくさんの	ともだちと	ここで	あそんできたね
1段目「たくさんの」と同じ	胸の前で組んだ手を水平に右回りに大きく回す ★友だち・仲間	2段目と同じ	2段目「すごしてきたね」と同じ

さよならぼくたちのほいくえん

どこで　　　はしって	どこで　　　ころんで	どこで　　　けんかをして
「どこで」で右を指さし、右を向いて走る仕草	左を指さし、左を向いてすべってころぶ仕草	前を指さし、チャンバラをするように人さし指を顔の前で打ち合わせる　★けんか

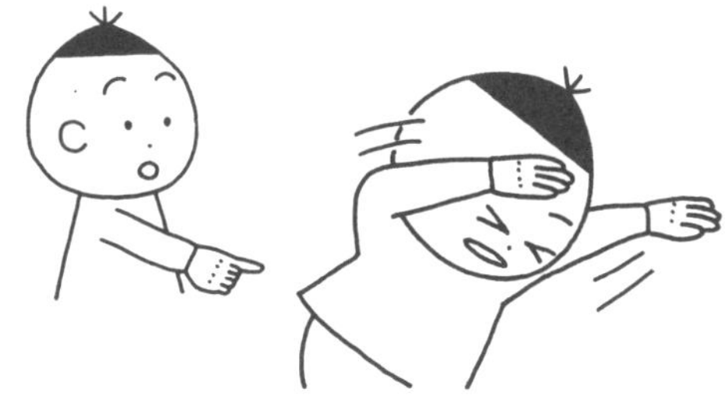

さよなら	ぼくたちの　ほいく（ようち）	えん
手を振る　★さようなら	両側の人と手をつなぎ、左右一緒に前後に振る	左ページ2段目の「ここで」と同じ

ぼくたちの　あそんだ	にわ	さくらのはなびら
左ページ2段目「すごしてきたね」と同じ	手のひらを下にふせ、体の前で円を描くように水平に大きく回す	左側に高く上げた両手（花の形）を、クルクルひねりながら右に移動させる

ふるころは	ランドセルの	いちねんせい
前の動作に続けて、高く上げた手をヒラヒラさせながら、左右に広げるようにおろしていく	ランドセルの肩ひもをなぞるように、両手の親指と人さし指を肩からわきへおろす	人さし指を立ててかまえ、「せい」で胸をはって、前に出す

たくさんの	まいにちを	ここで	すごしてきたね
胸の前で手のひらを上にして、親指から順に、指を折りながら、左右同時に流れるように両側に広げていく ★たくさん	親指を立てて人さし指を向き合わせ、人さし指を下から上（前）へ送るように、左右同時に2回、回す ★毎日・いつも	五指を曲げ、体の前にふせる ☆場所	人さし指を頭の横で交互に前後させる ☆遊ぶ

うれしいことも	かなしいことも
両手のひらを自分に向け、胸の前で交互に何度も上げ下げする ★うれしい・楽しい・喜ぶ	両手の人さし指と親指で涙の形を作り、目の下にあて、クリクリさせながら下におろす ★悲しい

♪うれしいことも ♪かなしいことも は手の動きだけでなく表情豊かにうたいましょう♪

きっと	わすれない
ひじをはった左手の小指に、右手の小指を下から引っかける（左手のひらを自分に向け、右手のひらは外向きに） ★きっと・必ず・約束	右上で軽く開いた手をこめかみで握る ☆おぼえる

たくさんの	ともだちと	ここで	あそんできたね
1段目「たくさんの」と同じ	胸の前で組んだ手を水平に右回りに大きく回す ★友だち・仲間	1段目「ここで」と同じ	1段目「すごしてきたね」と同じ

さよならぼくたちのほいくえん

みずあそびも	ゆき	ダルマも	ずっと
平泳ぎをする（2回）	OKの手を、頭の上から下までヒラヒラさせながら舞いおろす	手のひら（または人さし指）で、上から下へ、ゆきだるまの形を描く	OKの輪をつなぎ、胸元から正面へ押し出していく ★ずっと・続く

わすれない	さよなら	ぼくたちの ほいく（ようち）	えん
左ページ3段目「わすれない」と同じ	手を振る ★さようなら	両側の人と手をつなぎ、左右一緒に前後に振る	左ページ1段目「ここで」と同じ

ぼくたちの あそんだ	にわ	このつぎ あそびに
左ページ1段目「すごしてきたね」と同じ	手のひらを下にふせ、体の前で円を描くように水平に大きく回す	顔の横から手のひらを前へ押し出す ☆未来

くるときは	ランドセルの	いちねんせい
左手を手前、右手を向かい側で人さし指を向き合わせ、こぶしを寄せ合う ♥人さし指はつけない ☆会う	ランドセルの肩ひもをなぞるように、両手の親指と人さし指を肩からわきへおろす	人さし指を立ててかまえ、「せい」で胸をはって、前に出す

手話ソングブック
ともだちになるために

Part 3
特別ふろく

指文字あいうえお／80
手話イラストさくいん100／86
- あいさつの手話　86
- 人を表す手話　86
- 動物を表す手話　87
- 乗り物を表す手話　88
- 自然を表す手話　89
- 色を表す手話　90
- 気持ちを表す手話　90
- 状態・様子を表す手話　91
- 時間を表す手話　92
- その他の手話　93

指文字あいうえお

※ 指文字は『あ〜ん』までの50音を指で表現するものです。手話で表しにくい固有名詞や新しいことばを伝えたいときに役立ちます。
※ その形の多くは アメリカの手話や、カタカナ、手話の数詞 などに由来しています。
　⇨ あ は a の形　　す は ス の形
　　く は 数詞 9 の形 … など

注・イラストは、相手から見た形を表しています。
・口の動きと一緒に読み取れるように、顔の横で表しましょう。
・歌詞の中に「いたずら こゆびが いってきます」「てのひら ひらひら」のように、指や手を動かすような表現がありますが、基本的には静止した状態で形をおぼえてください。

小さい子から 大人まで 楽しく おぼえられるように 指文字の由来には こだわらず 手の形のイメージと ことばのあそびを ミックスして作った オリジナルソング です。
1番の『あいうえお』から最後の『やゆよわん』まで 全部で 9番。絵で手の形を たしかめながら、最初は ゆっくり、だんだんテンポをあげて うたってみよう！

詞／山縣敦子　曲／新沢としひこ

あかちゃんおしゃぶり あばばのば　いたずらこゆびが いってきます
うさぎがうたうよ ルルルルル　えへへとえがおで てがわらう
おーっとのぞいて おどろいた　あ・い・う・え・お

© 2000 by ASK MUSIC Co,.Ltd.

指文字あいうえお

あ かちゃん おしゃぶり あばばのば

い いたずら こゆびが いってきます

う さぎが うたうよ ルルルルル
歌という手話で使う形。指はくっつけてね

え へへと えがおで てがわらう

お ーっと のぞいて おどろいた

あ・い・う・え・お

か ちかち かっちり かにばさみ
人さし指を立てて、のばした中指に親指をくっつけてね

き つねが コンコン こっちきて

く くつした くたくた およいでる
手話の数詞 9と同じ

け いれい している おまわりさん
敬礼の手の形。※おでこにはあてないよ

こ こどもが ころんで ないている

か・き・く・け・こ

さ いころ にぎって さぁいこう	し んくろ ないずど すいみんぐ （手話の数詞 7と同じ）	す たすた あるこう てをあげて （自分の方から見るとカタカナのスににてるよ）
せ んたー なかゆび せんしゅです	そ ろそろ そこから そうじしよう （「それ」という手話だよ）	さ・し・す・せ・そ
た っちで アウトだ くやしいな	ち がでた こゆびが イチチチチ （4本の指先を合わせ、小指だけ立てる）	つ ねって つまんで つつきましょ （3本の指先を合わせ薬指と小指を立てる）
て のひら ひらひら さようなら	と はとびらを トントントン	た・ち・つ・て・と

指文字あいうえお

な いしょで おさんぽ なにしよう	に んじん にほんも たべられない	ぬ けない まがった ふといくぎ
ね ぼけた ゆうれい うらめしや	の はのんびり のーびのび（空中にカタカナのノを描く）	な・に・ぬ・ね・の
は さみで はさんで チョッキチョキ（指をそろえて前をさす）	ひ とりっきりの ひみつです	ふ らふら かたあし フラミンゴ
へ んてこ へのじの へそまがり	ほ らほら ふくらむ ヨットのほ（手を丸く帆のように）	は・ひ・ふ・へ・ほ

ま ほうの フォークで まぁおいしい クルクル回すと「フォーク」という手話	**み** みずが さんびき ニョーロニョロ	**む** こうに みえるは むじんとう まよこを さしてね
め がねは バッチリ オーケーだ	**も** ー は もうちょっと ひっぱって 親指と人さし指をとじながら下に引くような動きだよ	**ま・み・む・め・も**
ら ーめん くるくる らいらいけん 人さし指と中指をからませる	**り** すくん するする すべりだい りの字を書くように	**る** んるん きぶんで はいポーズ カタカナのルの形
れ もんの おおきさ このくらい カタカナのLの形	**ろ** ーぷ うぇいで えんそくだ ロープウェイという手話で使う形	**ら・り・る・れ・ろ**

指文字あいうえお

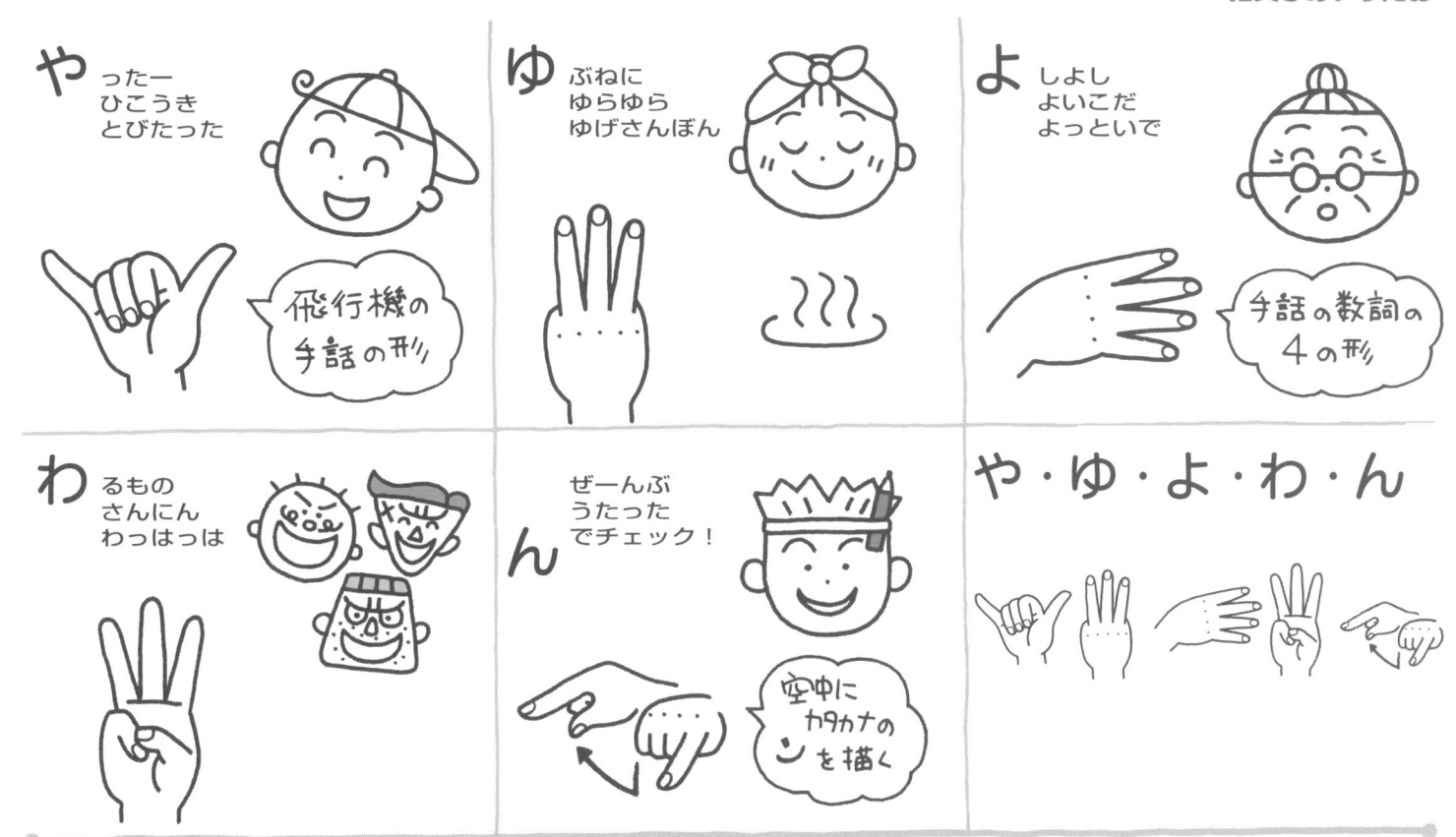

や ったー ひこうき とびたった
飛行機の手話の形

ゆ ぶねに ゆらゆら ゆげさんぼん

よ しよし よいこだ よっといで
手話の数詞の4の形

わ るもの さんにん わっはっは

ん ぜーんぶ うたった でチェック！
空中にカタカナのンを描く

や・ゆ・よ・わ・ん

を 指文字「あ」の形を手前に引く

濁音・半濁音・促音・拗音・長音などの表し方

① 手を右に移動させると濁音になります。（「か」→「が」、「ほ」→「ぼ」など）
　※左手で表す場合は左に移動させる。
② 手を上にあげると半濁音になります。（「は」→「ぱ」、「ほ」→「ぽ」など）
③ 小さく書く字はすべて手前に引きます。
　（「つ」→促音「っ」／拗音「ゃ、ゅ、ょ」／「ファ」の「ァ」など）
④ 長音「ー」は、人さし指で上から下に線を引きます。

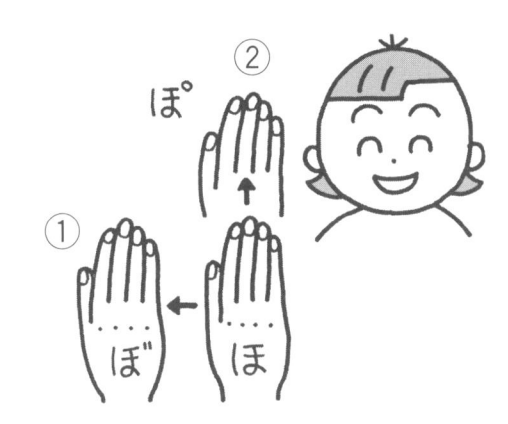

手話イラストさくいん100

本書で紹介した手話の中から、会話にそのまま生かすことのできる100の単語をピックアップし、種類別に紹介しました。

あいさつの手話

おはよう 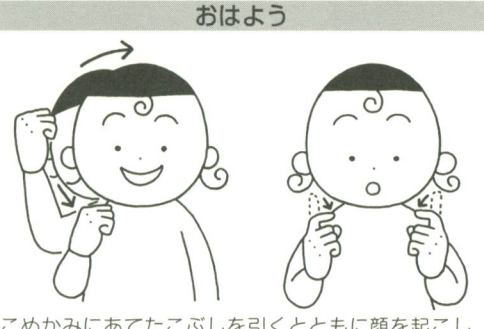
こめかみにあてたこぶしを引くとともに顔を起こし、向かい合わせた人さし指を、同時に曲げる

こんにちは 
人さし指と中指を立て、額の真ん中にあて、向かい合わせた人さし指を、同時に曲げる

こんばんは  
開いた手を胸の前で重ね合わせ（手のひらは外向きに）、向かい合わせた人さし指を、同時に曲げる

ありがとう 
左手の甲に右手を垂直にのせ、顔を起こすとともに、右手を顔の前に持ち上げる

さようなら 
手を振る

人を表す手話

おかあさん 
人さし指で頬をなで、小指を立てて上へ

おとうさん 
人さし指で頬をなで、親指を立てて上へ

おばあちゃん 
立てた小指をちょっと曲げ、弧を描いて進む

おじいちゃん 
立てた親指をちょっと曲げ、弧を描いて進む

おねえちゃん 
小指を立てて上へ

おにいちゃん 
中指を立てて上へ

手話イラストさくいん100

いもうと 
小指を立てて下へ

おとうと 
中指を立てて下へ

子ども 
中央から左右へ、子どもの頭をポンポンとおさえるように移動させる

みんな 
手のひらを下にふせ、体の前で円を描くように水平に大きく回す

家族 
両手で屋根を作ってから、左手だけ残して、その下で小指と親指を立てた右手をヒラヒラしながら右に移動させる

ぼく・わたし 
自分を指さす

きみ・あなた 
相手を指さす

友だち・仲間 
胸の前で組んだ手を水平に大きく回す

動物を表す手話

うさぎ 
手のひらを後ろに向けて、顔の両側に腕を高く上げ、2回位はずむようにひじを曲げる

さかな 
右手の親指を立てて四指をつけ、右から左に泳がせる

かえる 
手のひらは下向きに、ひじをはって前かがみになり、腕を2回位上下させる

とり 
人さし指と親指でくちばしの形を作り、開け閉めする

ねこ 
こめかみの横で、こぶしでまねく動作をする

乗り物を表す手話

自転車
自転車のペダルをこぐように、左右の手を交互に前に回す

オートバイ
こぶしを握って両ひじをはり、右手首を回してエンジンをふかすようにする

自動車
車のハンドルを握り、運転するように交互に上げ下げする

バス
人さし指と親指を立てて、胸の前で人さし指を向き合わせ、両手一緒に前に押し出していく

電車
左手の人さし指と中指をのばし、その下に右手の人さし指と中指を折り曲げてあて、左手の指先の方向に右手だけすべらせていく

船
両手を合わせて船の形にし、胸の前から前方に押し出していく

新幹線
自分の顔に向けて五本指を開き、前方へのばしていく

飛行機
人さし指、中指、薬指を曲げ、親指と小指を開いて飛行機のように飛ばす

ロケット
人さし指を立てて握った左手の下に、右手の甲をつけて、右手をパッパッパッと開きながら、左手は左上に高く、右手は右下へ切り離していく

手話イラストさくいん100

自然を表す手話

太陽
人さし指を上、親指を向き合わせて立て、上に向かって高く持ちあげる

空
手のひらで高く弧を描く
♥空を見上げるように

雲
高く上げた両手を、パクパクさせながら中央から（手は閉じない）左右に開く

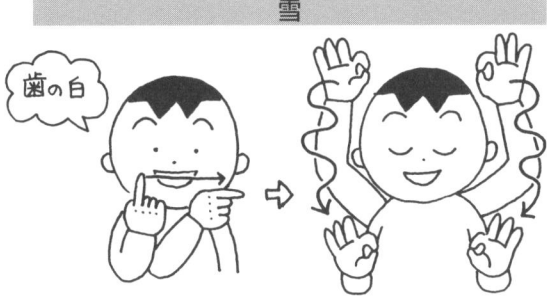

雪
人さし指で口（歯）の前をなぞるように右から左へ移動させてから（♥「白」という手話）、OKの手を、頭の上から下までヒラヒラさせながら舞いおろす

月
上を向いて、上から下へ親指と人さし指で三日月の形を描く

星
上を向き、つぼめた両手を自分に向けて、パッパッパッとしながら左右に開く

虹
空を見上げ、小指と薬指を折った手で高く大きく弧を描く

山
大きく山を描く

森
両手のひらの指を立て、体の前で高く、両側へだんだんと低く、交互に上げ下げしながら開いていく

木
親指と人さし指を、おなかの前で向き合わせ、木の幹を作るように動かし、枝を広げる

春・暖かい
自分に向けて風を吹き寄せるように、下から上へ2回位大きく回す

夏・暑い・南
うちわを持って顔をあおぐ動作をする

秋・涼しい
顔の横を前から後ろにゆっくりあおぐ

冬・寒い
両腕を震わせて寒いポーズ

色を表す手話

色 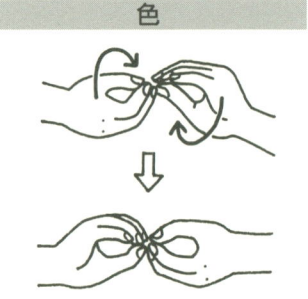
つぼめた両手の指先を合わせたまま、左右を逆に回す

赤（くちびるの赤）
人さし指で下くちびるをなぞるように、左から右に移動させる

青（お父さんのひげそりあと）
あごから耳の下まで、指先でなで上げる

黄（ヒヨコのあたま）
額に親指をあて、人さし指を2、3回振る

緑・草（草の緑）
おなかの前で両手を上向きに指を立て、交互に上げ下げしながら左右に広げていく

白（歯の白）
人さし指で、口（歯）の前をなぞるように、右から左へ移動させる

黒（かみの毛の黒）
頭の横をなでる仕草

紫（指文字の「む」とくちびるの赤）
人さし指と親指を立て、人さし指で下くちびるをなぞるように左から右へ移動させる

気持ちを表す手話

笑う 
口元で両手をパクパクさせる（手は閉じない）

泣く 
目の下で泣く形を作り、両手一緒に左右に振る

うれしい・楽しい・喜ぶ 
手のひらを自分に向け、胸の前で交互に何度も上げ下げする

幸せ 
あごにあてた手を、ひげをなでるように下に引いて閉じる（2回）

好き 
のどにあてた親指と人さし指を、閉じながら胸の前までおろす

優しい 
胸の前で両手を向き合わせ、パクパクさせながら（手は閉じない）左右に開いていく

手話イラストさくいん100

| かなしい | 寂しい | 怒る | 信じる |

両手の人さし指と親指で涙の形を作り、目の下にあて、クリクリさせながら下におろす

親指を下に、胸の前で手を閉じる

人さし指をつののように突き出す

手のひらを上にしておなかにあて、胸までゆっくり持ちあげながら握る

状態・様子を表す手話

| 遊ぶ | けんか | 元気・がんばる |

人さし指を頭の横で交互に前後させる

チャンバラをするように、人さし指を顔の前で打ち合わせる

両手を握ってひじをはり、胸の高さから2回位、力強くおろす

| おいしい | からい | おなかがペコペコ | おなかがいっぱい |

手で頬を軽く叩く

指を曲げ、口の前でクルクル回す

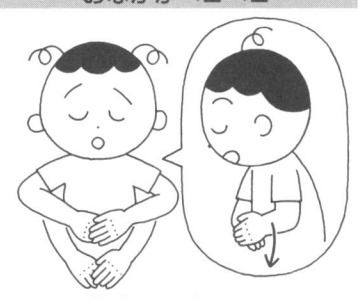

おなかに右手のひらをあて、その上に左手を重ね、胃からおへそのあたりまで、両手でギュッと押し下げる

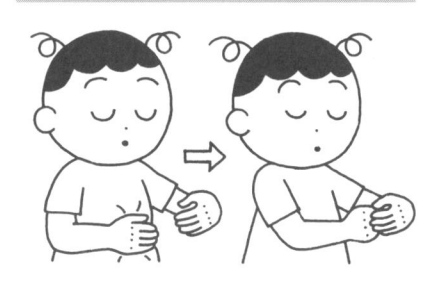

おなかの前に出した左手のひらに、おなかにあてていた右手の甲をあてる

| 全部 | たくさん | 一緒に |

指先を前に向け、上から下へ両手で大きく円を描き、下で閉じる

胸の前で手のひらを上にして、親指から順に、指を折りながら、左右同時に流れるように両側に広げていく

両手の人さし指で前をさし、その指を中央に寄せる

おぼえる	忘れる	わかる・知る	わからない・知らない
頭の右上からこめかみへ、軽く開いた手を、おろしながら握る	こめかみに軽く握った手をあて、その手を上にポッと開く	胸にあてた手のひらを下へすべらせる	肩にあてた指先を、上に払う

新しい	すばらしい	駄目・いけない
耳の横で両手をつぼめ、腕を下におろすとともに手も開く	こぶしを鼻の前から右横（上）にのばしていく ♥こぶしは鼻にあてない	親指を立てた手を正面に出す（アウトのポーズ）

時間を表す手話

今日・今・現在	昨日	明日
両手のひらを下に、おなかの前に水平にポンと置く	顔の横に立てた人さし指で、肩ごしに背後を指さす（1日前を表す）	人さし指を、顔の横から前へ出す（1日後を表す）

過去	未来
手のひらを後ろに向けて顔の横から背の方にたおす	顔の横から手のひらを前へ押し出す

🕐 **手話の時制について** 🕑

手話では、自分が立っているところが♥現在、後方が♥過去、そして前方が♥未来を表します。ですから、人さし指を1本出して後方に向けると1日前の♥昨日、逆に前方に向けると♥明日、という意味になります。

92

手話イラストさくいん100

朝
こめかみにあてたこぶしを引くと同時に、顔を起こす

昼
人さし指と中指を立て、額の真ん中にあてる

夜
開いた手を胸の前で重ね合わせる（手のひらは外向きに）

いつも・毎日
親指を立てて人さし指を向き合わせ、人さし指を下から上（前）へ送るように左右同時にグルリと回す

始まる・始める
手のひらを外向きに重ね合わせてひじをはり、手を上に開く

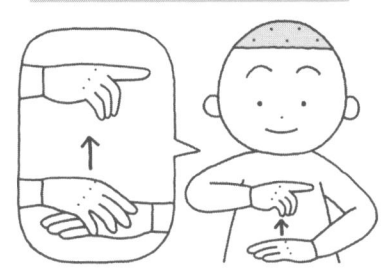

最初・初めて
ひじをはった左手の甲に右手を重ね、右手を持ちあげながら人さし指を残して4指をつぼめる

終わり・〜ました・〜でした
上向きに開いた両手を、おろしながらつぼめる

その他の手話

世界・地球
両ひじをはって胸の前で五指を向き合わせ、手首を返すように前方にグルリと大きく回して、丸い地球を作る

歌・うたう
チョキの指をそろえ、人さし指側を口元にあて、そのまま、手をはずませながら上に広げていく

約束・きっと・必ず
ひじをはった左手の小指に、右手の小指を下から引っかける（左手のひらを自分に向け、右手のひらは外向きに）

夢
軽く開いた手の小指をこめかみにあて、斜め上にフワフワフワと持ちあげていく

保育園
手のひらを向き合わせ、交互に斜めに上げ下げする

五指を曲げ、体の前にふせる

幼稚園
手の上下を返しながら、左右で軽く手をたたく

五指を曲げ、体の前にふせる

おわりに

新沢としひこ

　この本は表紙を見ると、まるで僕がつくったみたいですが、この本を実際につくったのは僕の歌に手話をつけてくれた中野佐世子さんと松田泉さん、二人のイラストレーター、そして努力と熱意の編集者、山縣敦子さんです。みんなは本当に大変でした。子どもたちにもできるかんたんな手話を、耳の聞こえない人たちが見てもちゃんと伝わる手話を、文章とイラストで表現していくということは細かくて大変な作業の連続で、僕はただおろおろと出産時の役に立たないお父さんみたいでした。僕のつくった歌たちがこんな素敵な本になったのはみんなのおかげです。絵本作家のあべ弘士さんもこころよく表紙の絵を描いてくれました。みんな、本当にありがとう。協力していただいた文京区聴覚障害者協会、文京手話会の方々にも感謝しています。

　この本を通して、一人でも多くの子どもたちが手話に興味を持ってくれますように。そして、たくさんの手がうたい出しますように。

手話さくいん100

あいさつの手話　P.86
- おはよう
- こんにちは
- こんばんは
- ありがとう
- さようなら

人を表す手話　P.86 87
- おかあさん
- おとうさん
- おばあちゃん
- おじいちゃん
- おねえちゃん
- おにいちゃん
- いもうと
- おとうと
- 子ども
- みんな
- 家族
- ぼく・わたし

きみ・あなた
友だち・仲間

動物を表す手話　P.87
- うさぎ
- さかな
- かえる
- とり
- ねこ

乗り物を表す手話　P.88
- 自転車
- オートバイ
- 自動車
- バス
- 電車
- 船
- 新幹線
- 飛行機
- ロケット

自然を表す手話　P.89
- 太陽
- 空
- 雲
- 雪
- 月
- 星
- 虹
- 山
- 森
- 木
- 春・暖かい
- 夏・暑い・南
- 秋・涼しい
- 冬・寒い

色を表す手話　P.90
- 色
- 赤
- 青
- 黄
- 緑・草
- 白
- 黒
- 紫

気持ちを表す手話　P.90 91
- 笑う
- 泣く
- うれしい・楽しい・喜ぶ
- 幸せ
- 好き
- 優しい
- かなしい
- 寂しい
- 怒る
- 信じる

状態・様子を表す手話　P.91 92
- 遊ぶ
- けんか
- 元気・がんばる
- おいしい
- からい
- おなかがペコペコ
- おなかがいっぱい
- 全部
- たくさん
- 一緒に
- おぼえる
- 忘れる
- わかる・知る
- わからない・知らない
- 新しい
- すばらしい
- 駄目・いけない

時間を表す手話　P.92 93
- 今日・今・現在
- 昨日
- 明日
- 過去
- 未来
- 朝
- 昼
- 夜
- いつも・毎日
- 始まる・始める
- 最初・初めて
- 終わり・〜ました・〜でした

その他の手話　P.93
- 世界・地球
- 歌・うたう
- 約束・きっと・必ず
- 夢
- 保育園
- 幼稚園

中野佐世子・松田　泉

　手話の歌の本ができました。実は、手話を絵で表現するのはとてもむずかしいことなんです。それに歌の歌詞に手話をつけるのは、そうかんたんなことではありません。今では歌やダンスに手話をつけることはめずらしくありませんが、本来、音声のない視覚言語である「手話」と「音楽」というのは相容れないものでもあるので、お話をいただいたときには、お引き受けしたものかどうか、少し躊躇しました。結局、本をつくるからには「手話」ということばを正しく伝えられるものにしよう、と心に決めてお引き受けすることにしました。それに何より、私たちは歌が大好きだったんです。

　本をつくり始めてとてもうれしかったのは、新沢さんや編集者の山縣さんが私たちのそんな思いを受けとめて、自ら手話を習い、手話を知り、聞こえない人を理解しようと努力してくださったことです。

　歌に込められたメッセージを新沢さんに確認しながら手話に直したり、「この手の形はできるかな？」「あとどんな単語があるかな？」なんて相談しながら、子どもたちが使えるような単語や、表しやすい手話を選んで曲を書き下ろしていただくという作業は、思いのほか楽しくて、貴重な経験になりました。

　手話を勉強したことのある人が本書を読んでいると、「あれ、このことばにはこんな手話があるのに」と思うところがあるはずです。そうなんです。そこがこの本の特徴なんです。子どもたちの小さな手で表しにくい形や動き、漢字をもとにした手話などはあえて使わずに、かんたんでおぼえやすい手話を使ってあるんです。

　最後に、「かわいく、でも手の形は正確に」という無理難題をお願いし、大変なご苦労をおかけしたイラストレーターのジャンボ・KAMEさん、本戸朋子さんに、深く感謝申し上げます。そして、こんなすてきな方々との出会いをつくってくれた、文京区聴覚障害者協会、文京手話会にも心からお礼申し上げます。ありがとうございました。

Profile

新沢としひこ Shinzawa Toshihiko

シンガーソングライター。大学卒業後、東京、神奈川の保育園に勤務。学生時代からライブハウスなどで音楽活動をはじめ、その後、全国で保育講習会の講師をつとめるようになる。常に新しいことに挑戦し、作詞・作曲・歌のほかに、エッセイスト、絵本作家としても活躍中。

■主な著書
遊びの本
『手話ソングブック3 あしたもあそぼう！』共著
『手話ソングブック2 きみとぼくのラララ』共著
『手話ゲームブック だれかにあったらこんにちは』共著
『おなかぺこぺこソングブック』共著
『あそびうただいすき！』
『みんなのたいそう』
絵本『はじめまして』大和田美鈴 絵（以上 鈴木出版）
詩集『空にぐーんと手をのばせ』（理論社）
エッセイ『言葉少年』（クレヨンハウス）
※楽譜集やCDも多数。

アスクミュージック URL◆https://ask7.jp

中野佐世子 Nakano Sayoko

NHK手話ニュースキャスター／東京家政学院大学非常勤講師／淑徳短期大学兼任講師／ルーテル学院大学非常勤講師／関西福祉大学客員教授。大学で児童学を専攻し、保健所・児童館などで幼児グループの遊びの指導を担当。大学では障害者福祉や介護技術の指導を行う。手話の指導をはじめ、幼児、高齢者、障害者との共生をめざしたバリアフリー啓発の研修を行っている。

松田 泉 Matsuda Izumi

手話通訳者／元(公財)教科書研究センター研究主幹。手話通訳のボランティアとして実績を重ね、ボランティアサークル「文京手話会」で会長の経験を持つ。小、中学校で手話・障害者・ボランティアについての講演、手話コーラスや手話ソング、ゲームの指導を行っている。

■2人の主な著書
『手話ソングブック3 あしたもあそぼう！』共著
『手話ソングブック2 きみとぼくのラララ』共著
『手話ゲームブック だれかにあったらこんにちは』共著
（鈴木出版）

カバーイラスト あべ弘士
カバーデザイン 森近恵子（アルファデザイン）
本文イラスト ジャンボKAME（手話）
本戸朋子
楽譜制作 新沢としひこ
編集 山縣敦子

鈴木出版 URL
◆https://suzuki-syuppan.com/

歌でおぼえる
手話ソングブック ともだちになるために

2000年11月28日 初版第1刷発行
2024年5月24日 初版第30刷発行

著者 新沢としひこ・中野佐世子・松田 泉
発行人 西村保彦
発行所 鈴木出版株式会社
〒101-0051 東京都千代田区神田神保町2-3-1
岩波書店アネックスビル5F
TEL.03-6272-8001 FAX.03-6272-8016
振替 00110-0-34090
印刷所 株式会社ウイル・コーポレーション

© T.Shinzawa S.Nakano I.Matsuda M.Kamei, Printed in Japan 2000
ISBN978-4-7902-7161-1 C0037 NDC369 日本音楽著作権協会 (出)許諾第0013917-430号

乱丁、落丁本は送料小社負担でお取り替え致します（定価はカバーに表示してあります）。
本書を無断で複写（コピー）、転載することは、著作権法上認められている場合を除き、禁じられています。